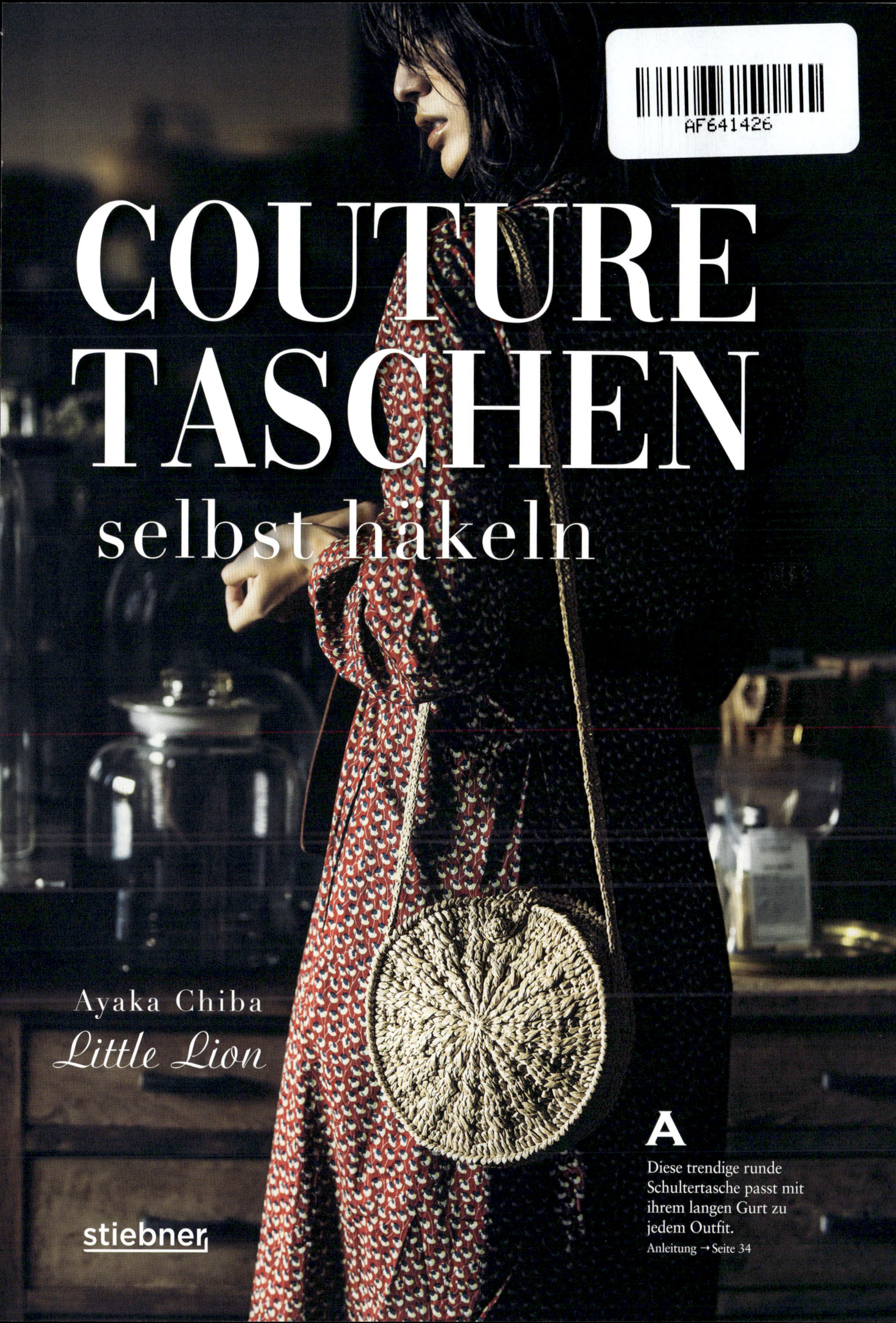

COUTURE TASCHEN
selbst häkeln

Ayaka Chiba
Little Lion

A

Diese trendige runde Schultertasche passt mit ihrem langen Gurt zu jedem Outfit.

Anleitung → Seite 34

stiebner

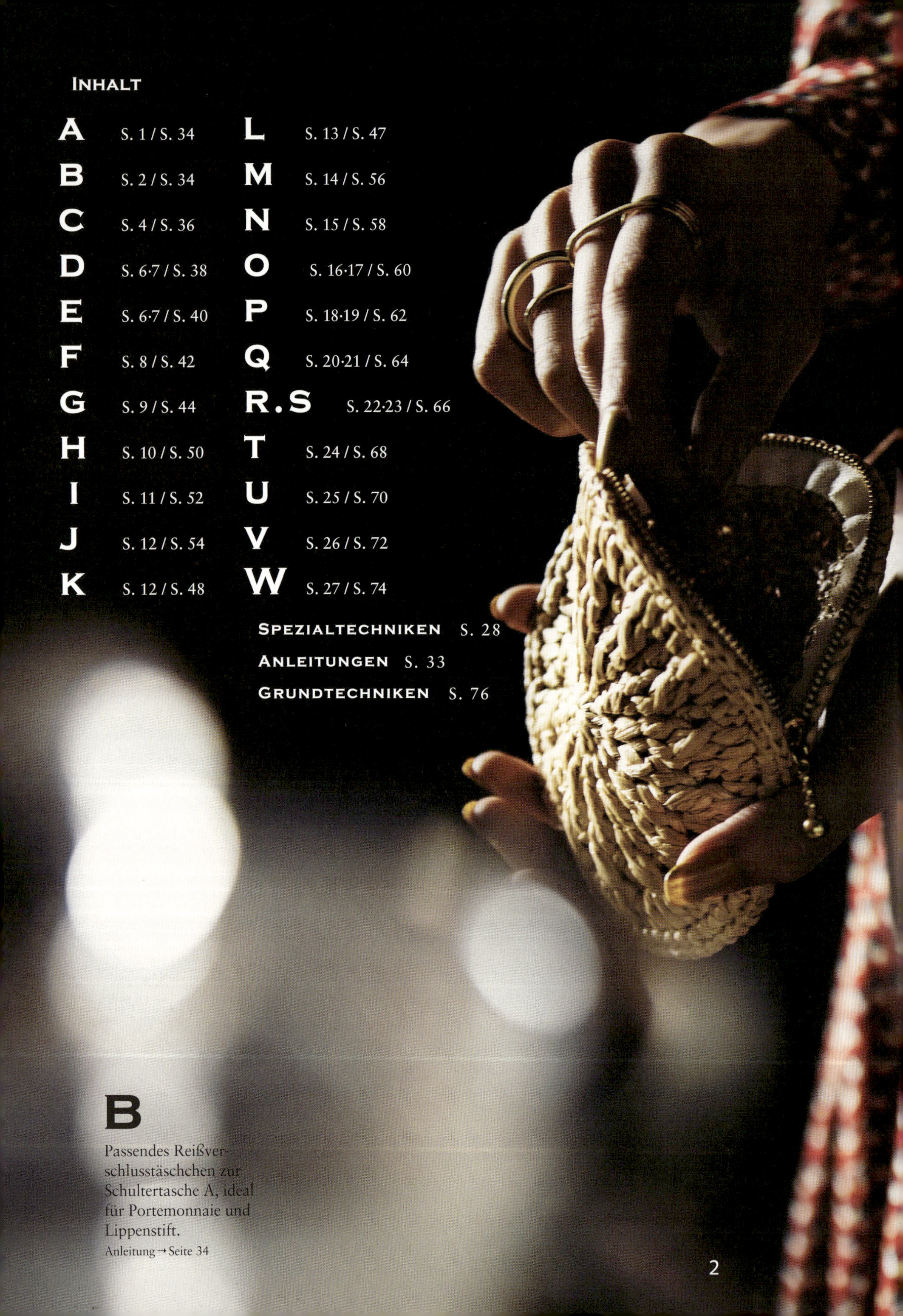

Inhalt

B

Passendes Reißverschlusstäschchen zur Schultertasche A, ideal für Portemonnaie und Lippenstift.

Anleitung → Seite 34

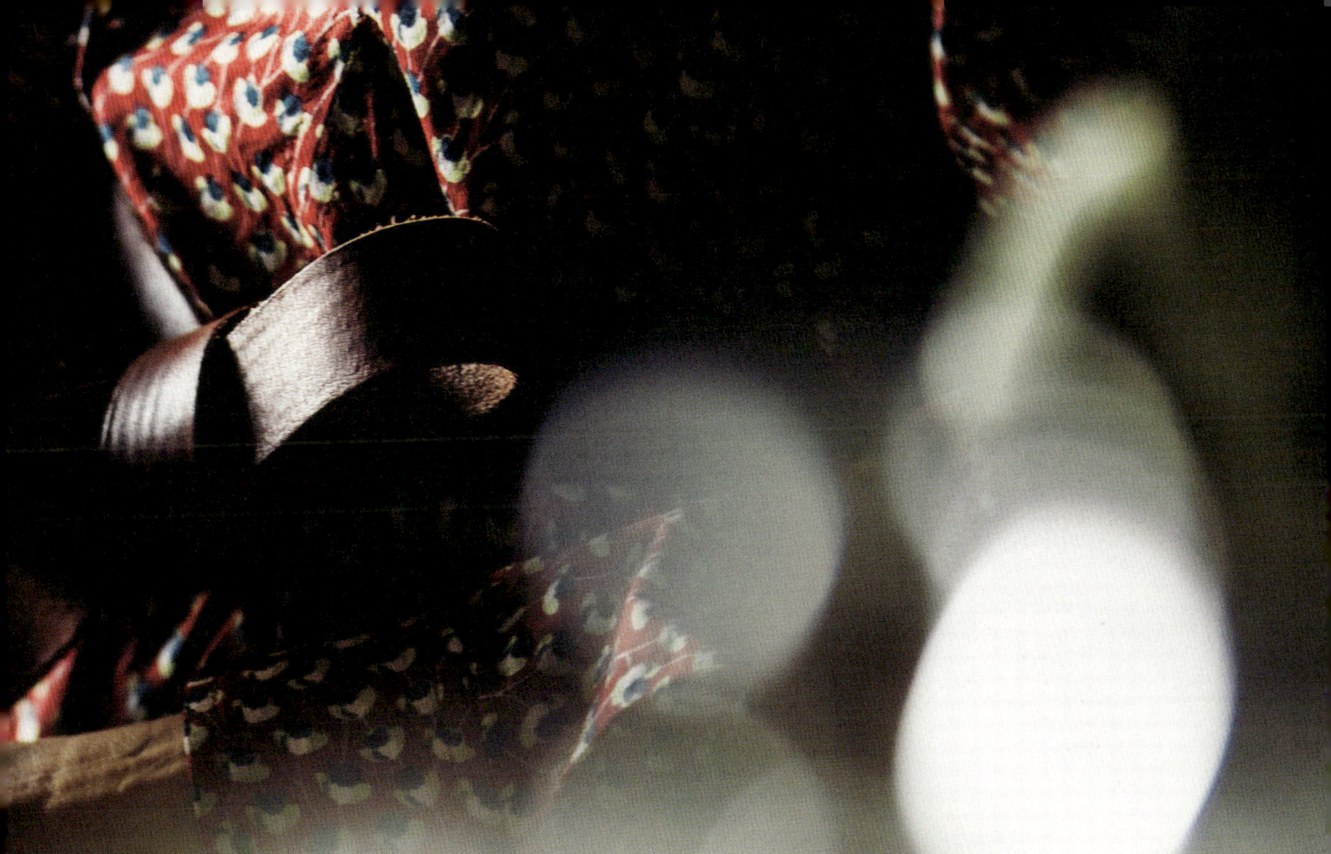

Einführung

Meinen Künstlernamen „Little Lion“ verdanke ich meinem kleinen Sohn. Als ich anfing, Häkelaccessoires zu entwerfen, war er immer nebenan mit dabei. Kurz nach seiner Geburt suchte ich neben der Kinderbetreuung noch eine andere Beschäftigung. Meine Mutter, die Spitzenarbeiten liebte, brachte mir damals das Häkeln bei. Ich bin ihr immer noch sehr dankbar, dass sie die Geduld dafür aufbrachte, obwohl ich noch nicht einmal Luftmaschen hinbekam. Meine erste Häkelarbeit war ein Untersetzer. Die Maschen waren viel zu locker, aber ich war hochzufrieden, weil er den Charme des Selbstgemachten verströmte.

Allmählich lernte ich dazu und kam irgendwann auf die Idee, meinem Sohn und mir etwas im Partnerlook zu häkeln. So fertigte ich aus einem Bändchengarn für ihn einen Hut und für mich eine Tasche an. Jedes Mal, wenn wir zusammen hinausgingen, bekam ich von allen Seiten Lob für die selbstgemachten Stücke. Diese Worte machten mir Mut; ich wollte noch mehr so hübsche Dinge herstellen und fing schließlich an, eigene Stücke zu entwerfen. Etwas anderes als häkeln kann ich allerdings immer noch nicht ...

An viele andere Menschen das Glück weiterzugeben, für selbstgemachte hübsche Accessoires Bewunderung zu erfahren – wenn mir das gelänge, wäre ich sehr froh.

Little Lion
Ayaka Chiba

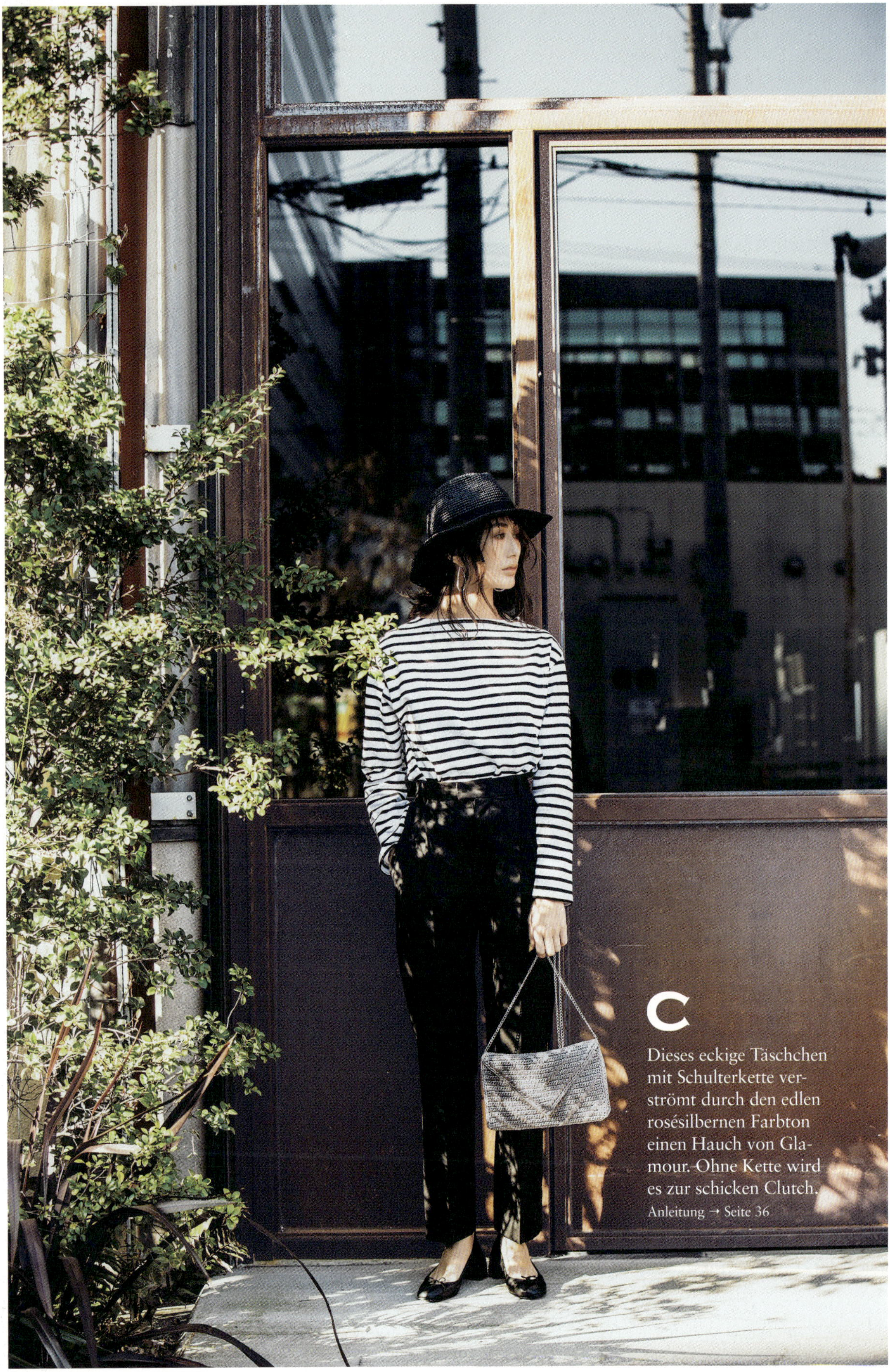

C

Dieses eckige Täschchen mit Schulterkette verströmt durch den edlen rosésilbernen Farbton einen Hauch von Glamour. Ohne Kette wird es zur schicken Clutch.

Anleitung → Seite 36

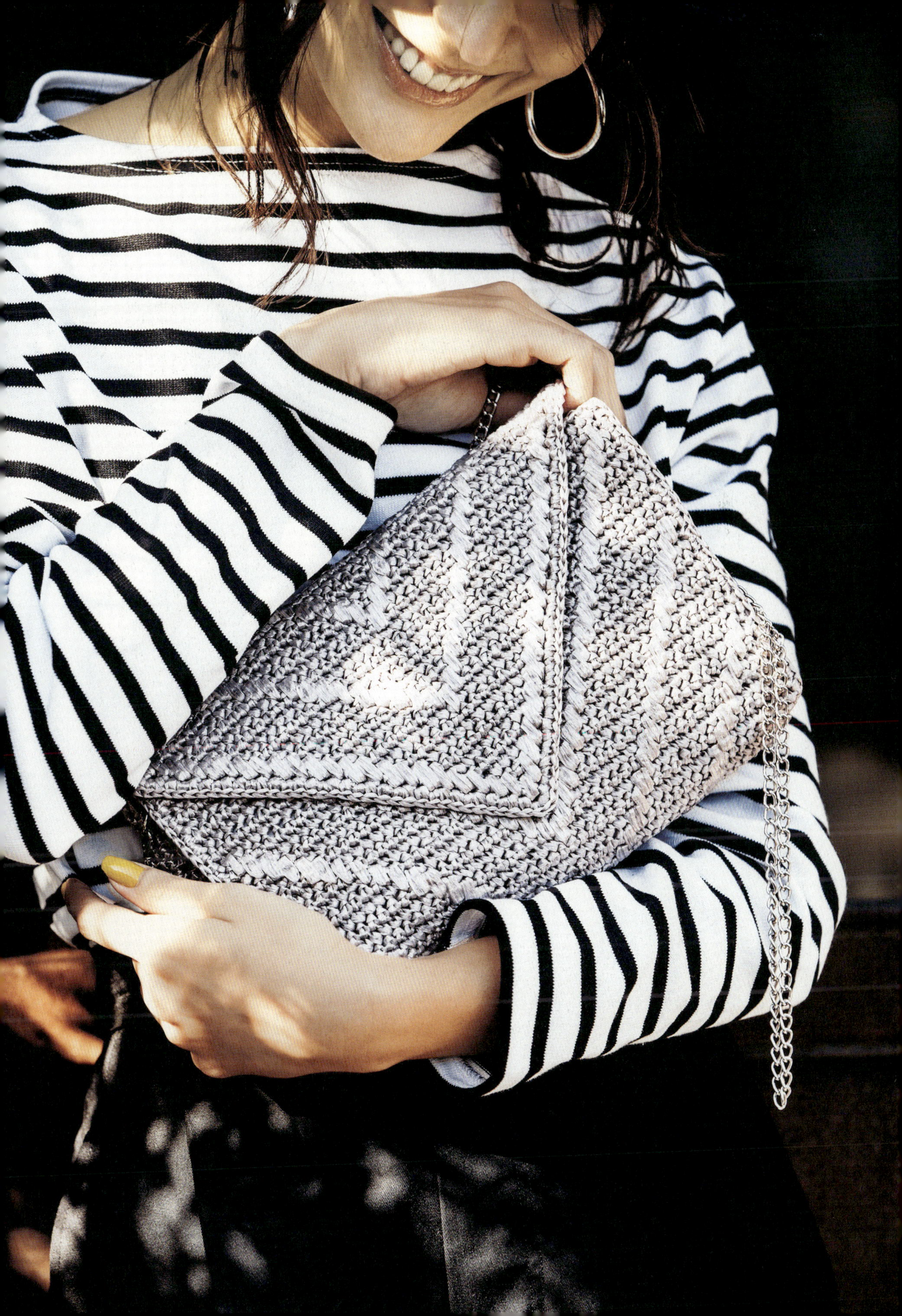

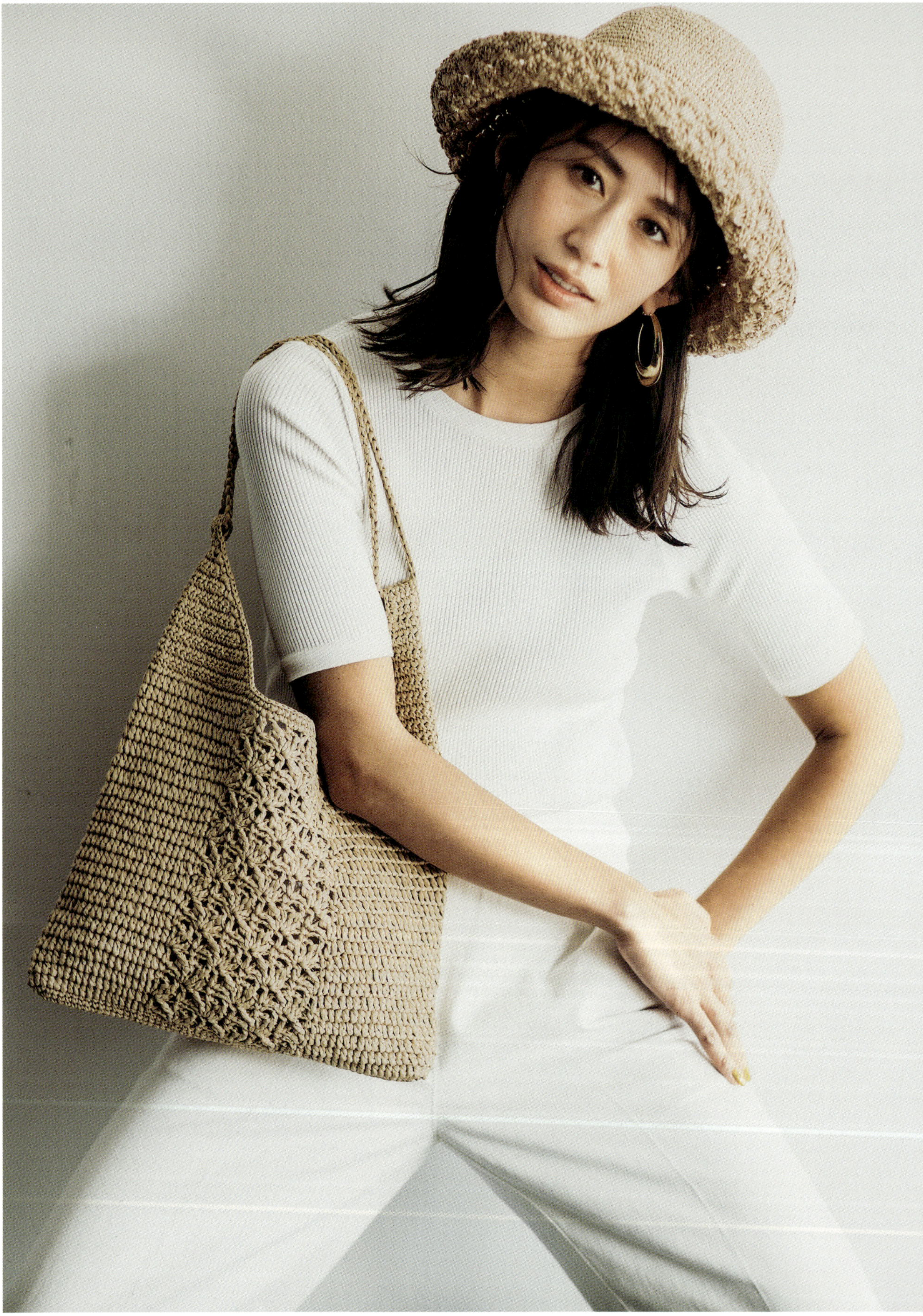

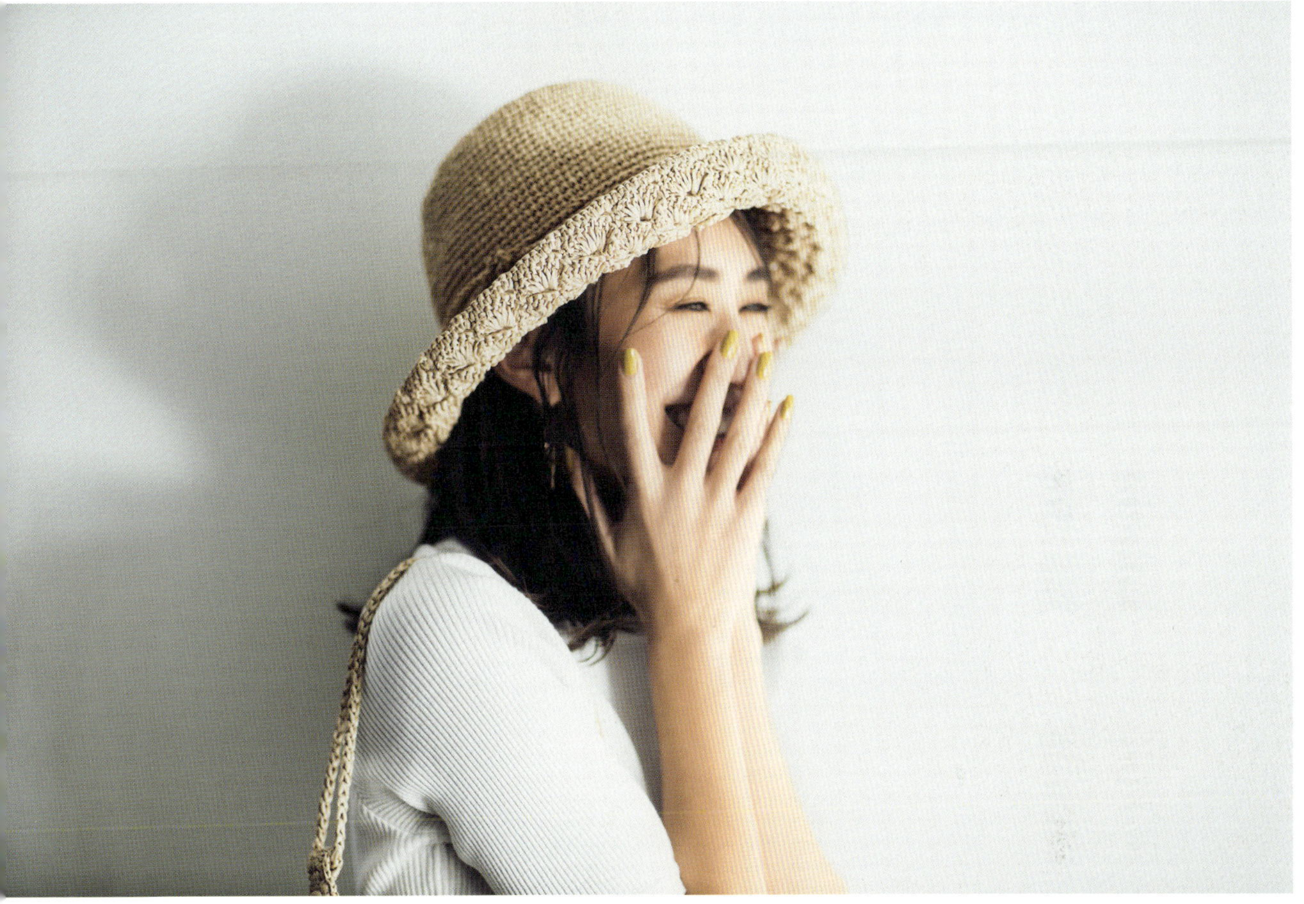

D

Strohhut mit Muschelmuster. Durch das Paillettengarn in der Krempe strahlen Sie mit der Sonne um die Wette!

Anleitung → Seite 40

E

Die passende Einkaufstasche in zeitlosem Beige wird durch das etwas aufwendigere Muster in der Mitte zum modischen Accessoire.

Anleitung → Seite 40

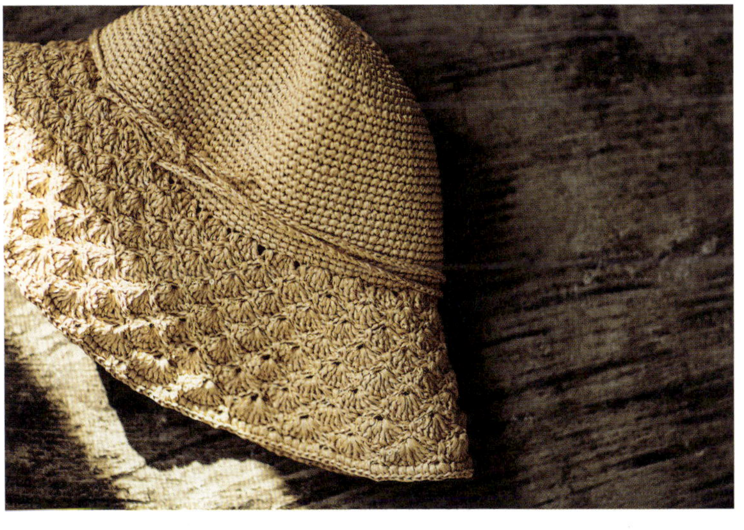

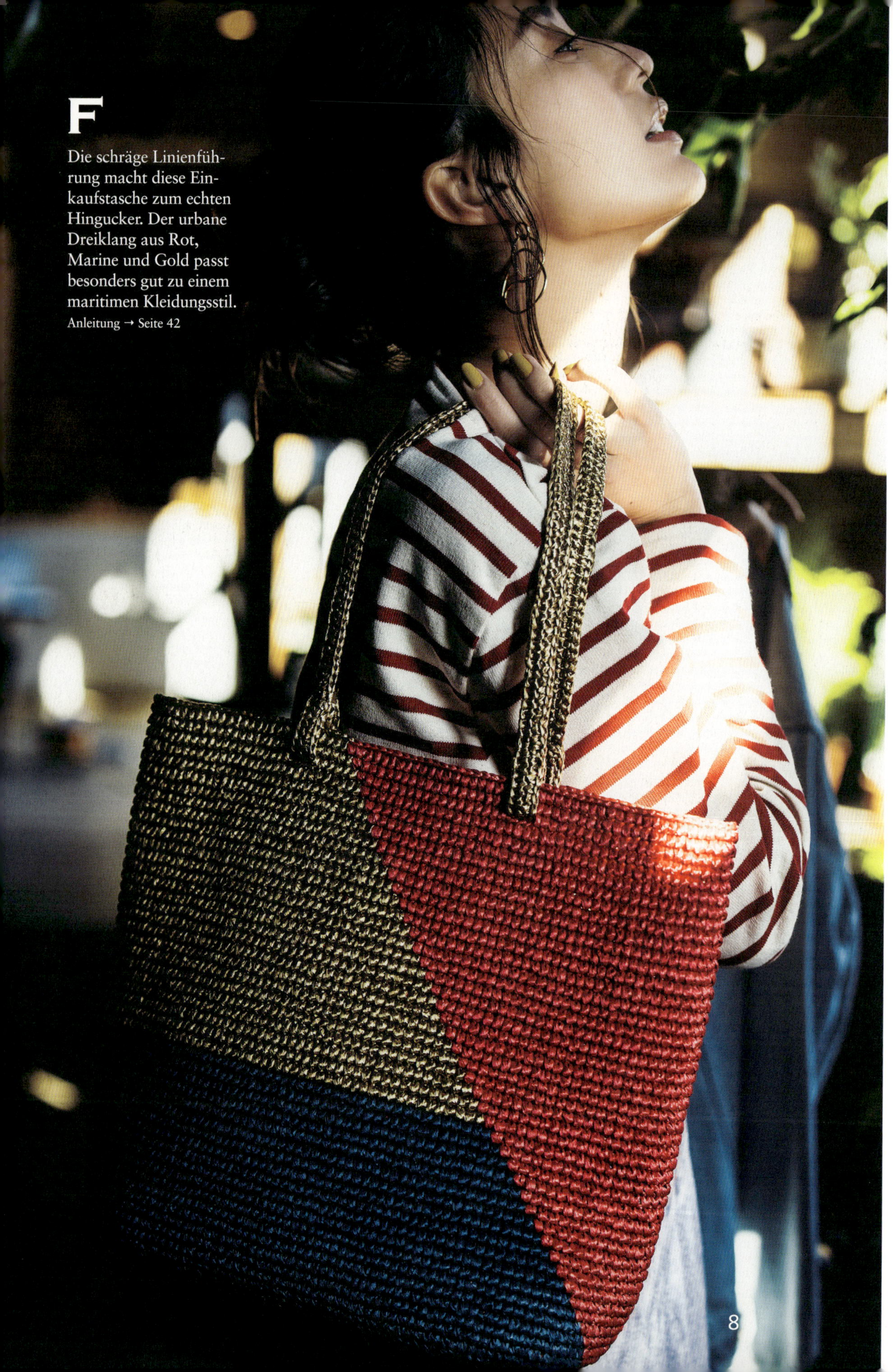

F

Die schräge Linienführung macht diese Einkaufstasche zum echten Hingucker. Der urbane Dreiklang aus Rot, Marine und Gold passt besonders gut zu einem maritimen Kleidungsstil.

Anleitung → Seite 42

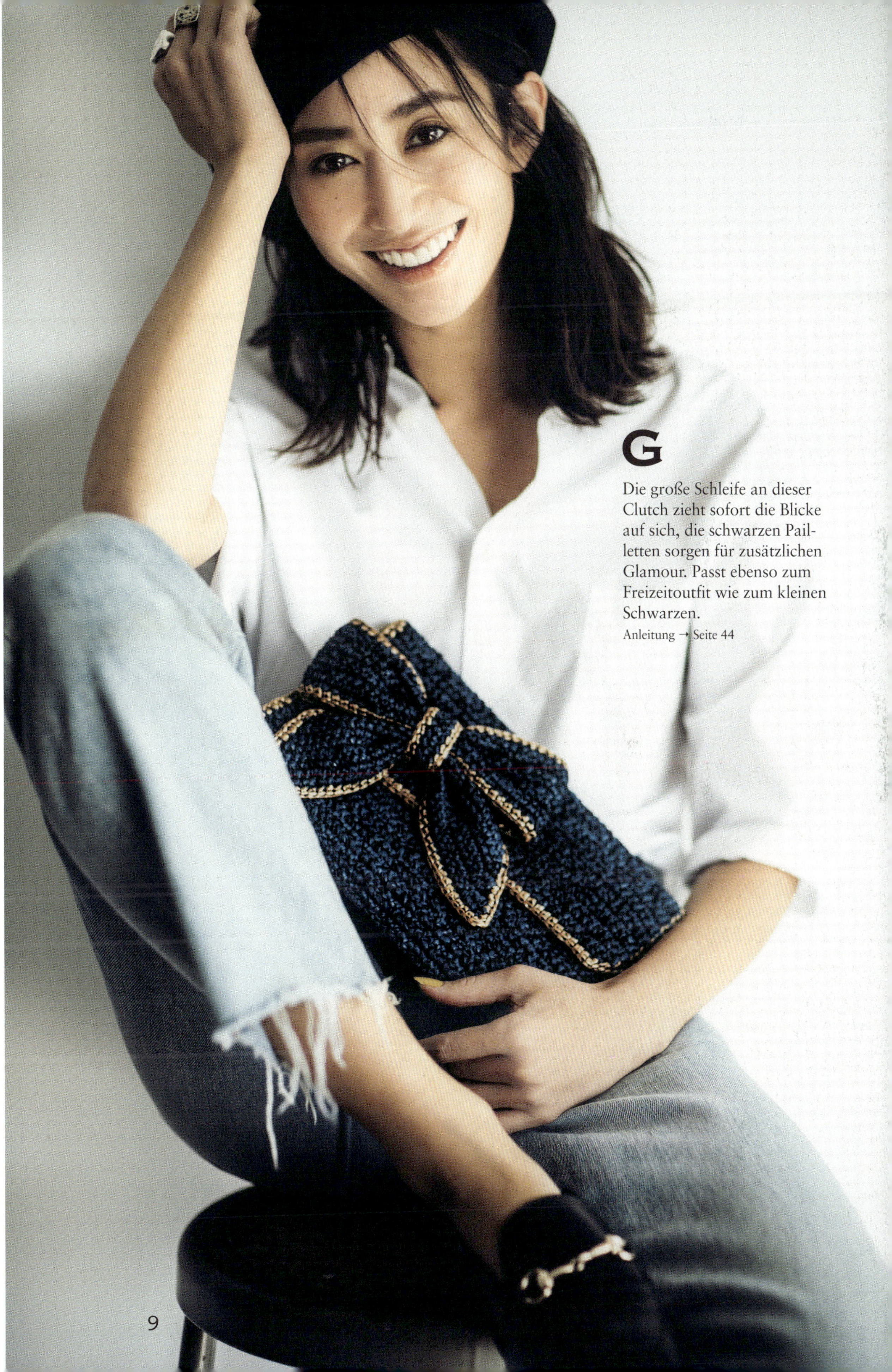

G

Die große Schleife an dieser Clutch zieht sofort die Blicke auf sich, die schwarzen Pailletten sorgen für zusätzlichen Glamour. Passt ebenso zum Freizeitoutfit wie zum kleinen Schwarzen.

Anleitung → Seite 44

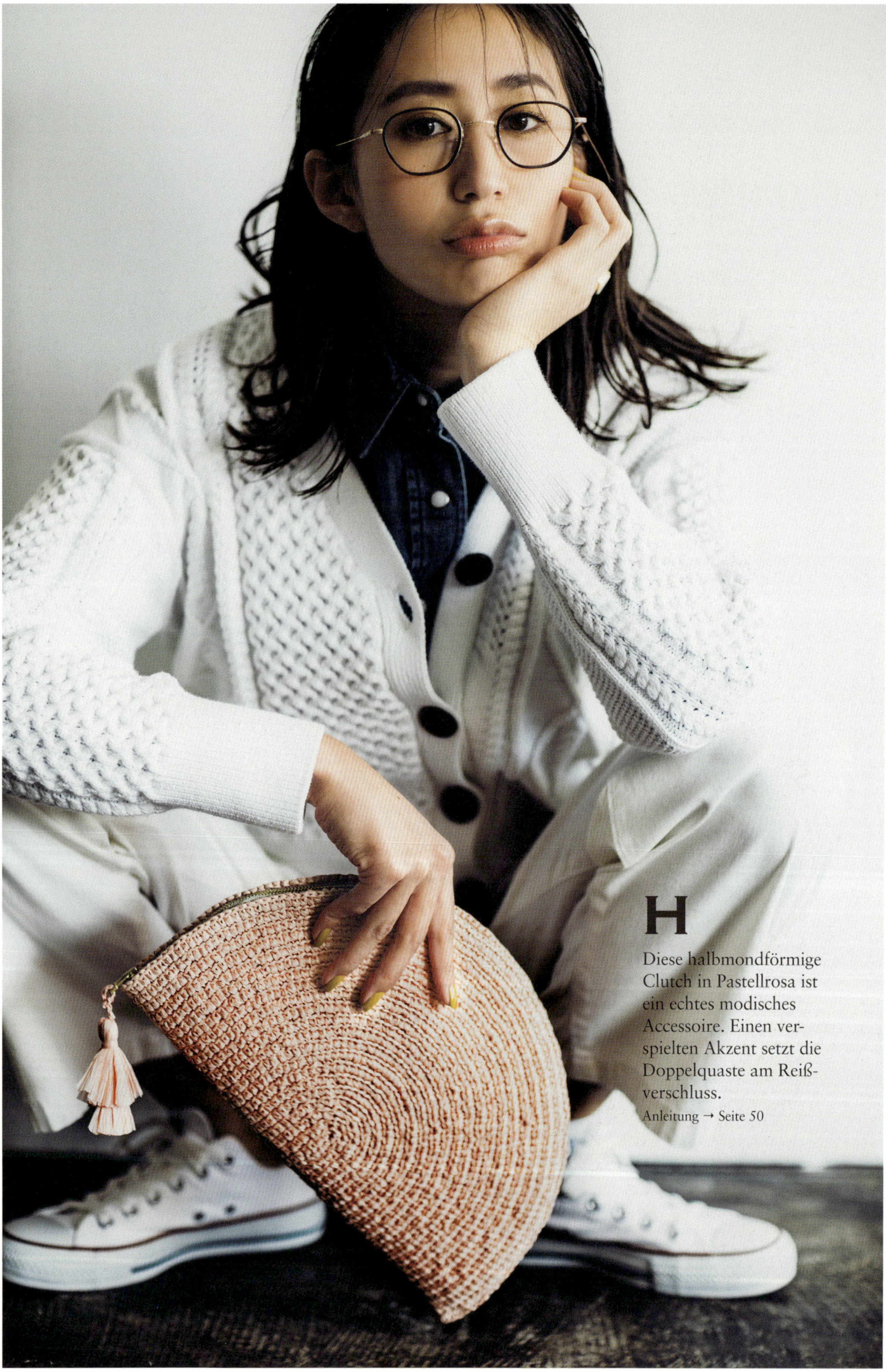

H

Diese halbmondförmige Clutch in Pastellrosa ist ein echtes modisches Accessoire. Einen verspielten Akzent setzt die Doppelquaste am Reißverschluss.

Anleitung → Seite 50

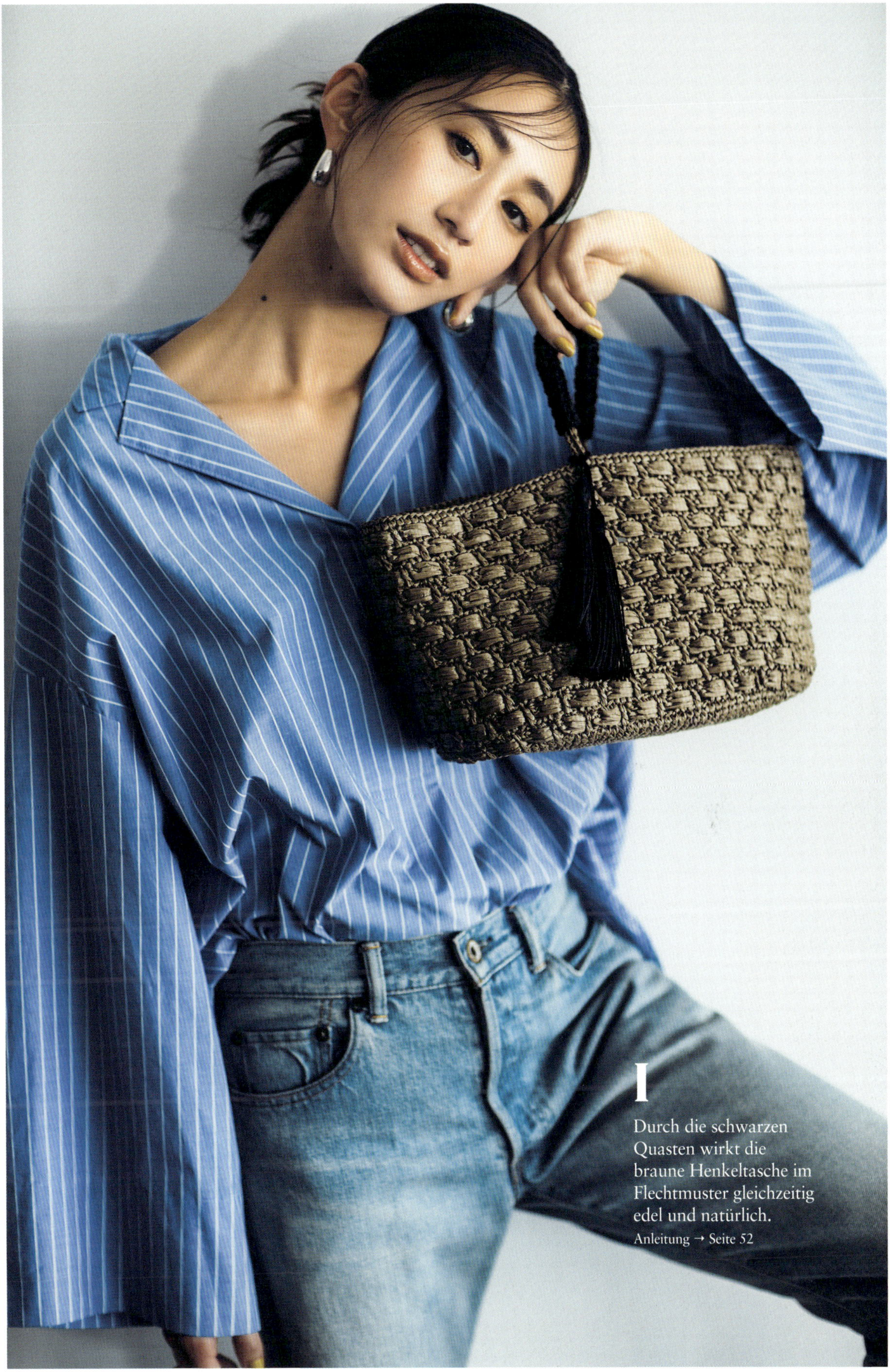

I

Durch die schwarzen Quasten wirkt die braune Henkeltasche im Flechtmuster gleichzeitig edel und natürlich.

Anleitung → Seite 52

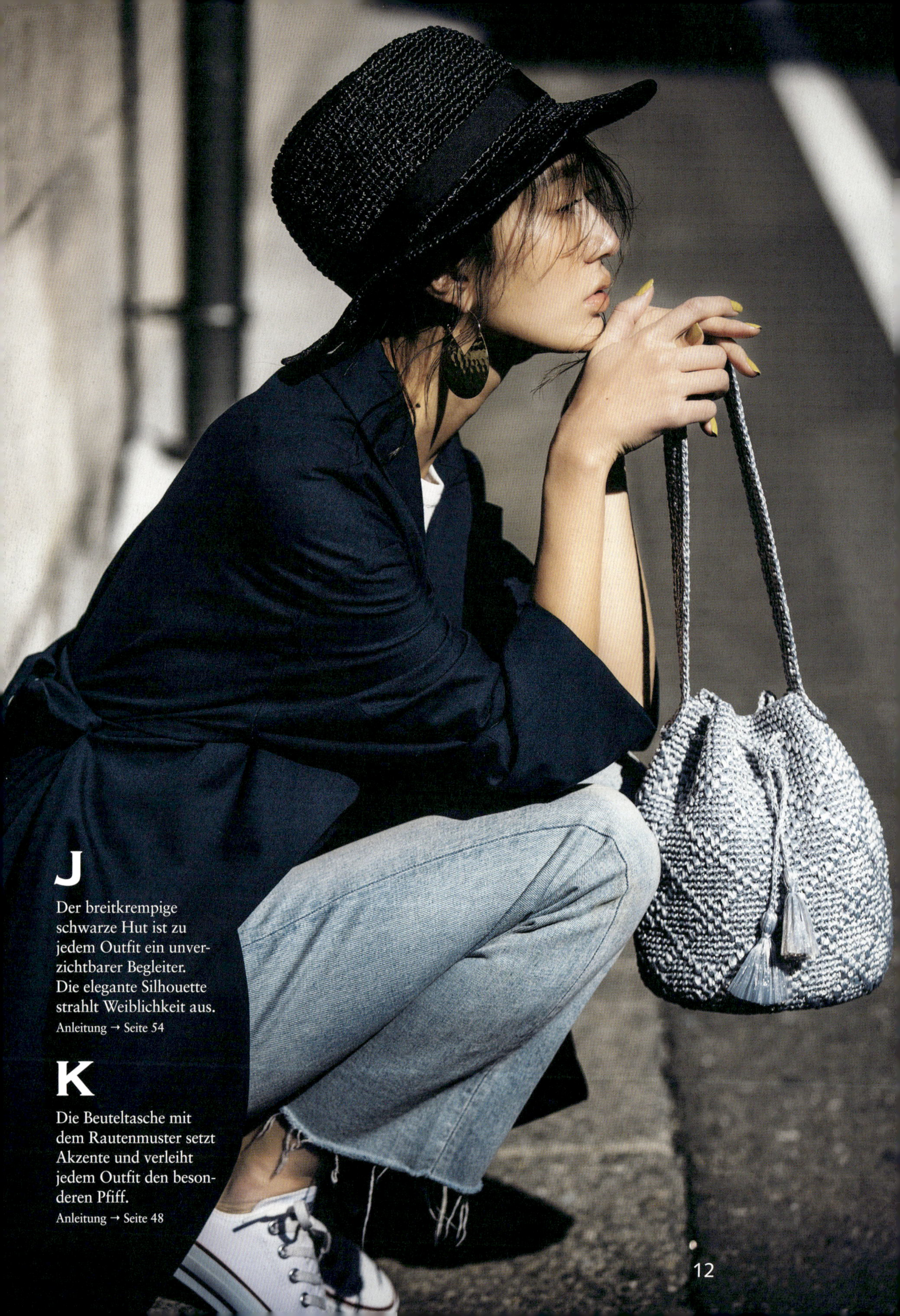

J

Der breitkrempige schwarze Hut ist zu jedem Outfit ein unverzichtbarer Begleiter. Die elegante Silhouette strahlt Weiblichkeit aus.

Anleitung → Seite 54

K

Die Beuteltasche mit dem Rautenmuster setzt Akzente und verleiht jedem Outfit den besonderen Pfiff.

Anleitung → Seite 48

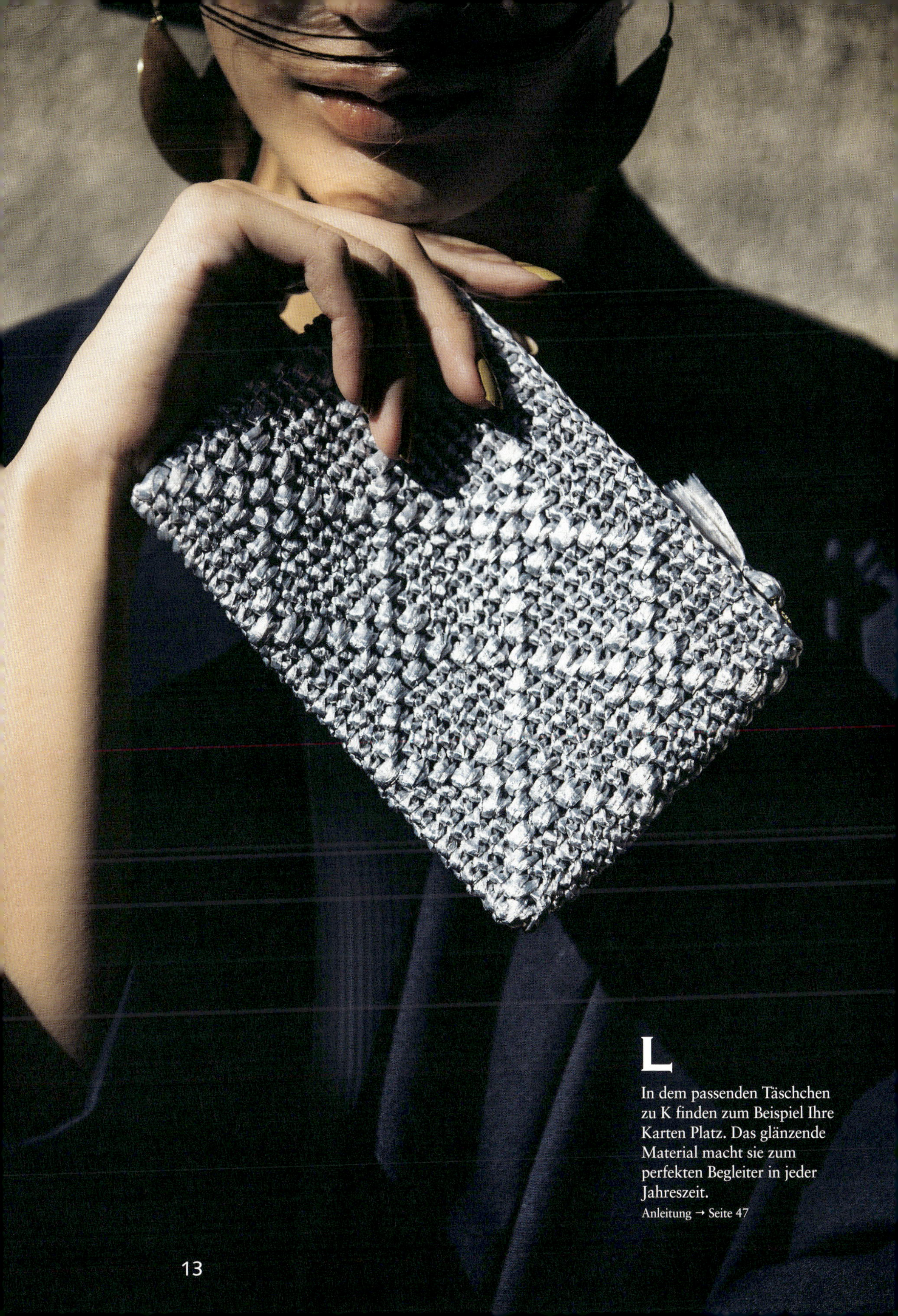

L

In dem passenden Täschchen zu K finden zum Beispiel Ihre Karten Platz. Das glänzende Material macht sie zum perfekten Begleiter in jeder Jahreszeit.

Anleitung → Seite 47

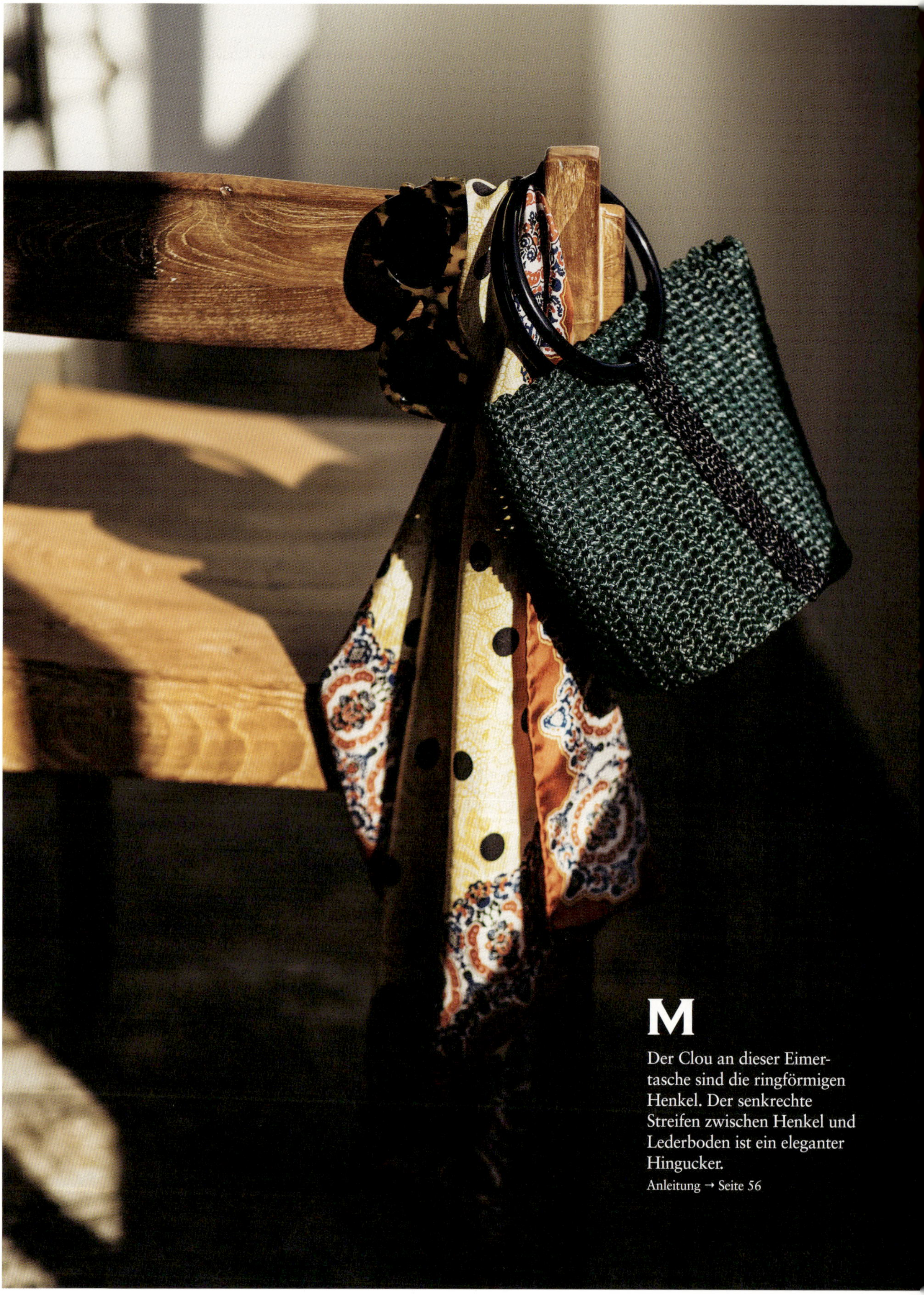

M

Der Clou an dieser Eimertasche sind die ringförmigen Henkel. Der senkrechte Streifen zwischen Henkel und Lederboden ist ein eleganter Hingucker.

Anleitung → Seite 56

N

Die kleine Schleife verleiht dieser eleganten Henkeltasche einen verspielten Touch. Einem Schleifchen kann keiner widerstehen!

Anleitung → Seite 58

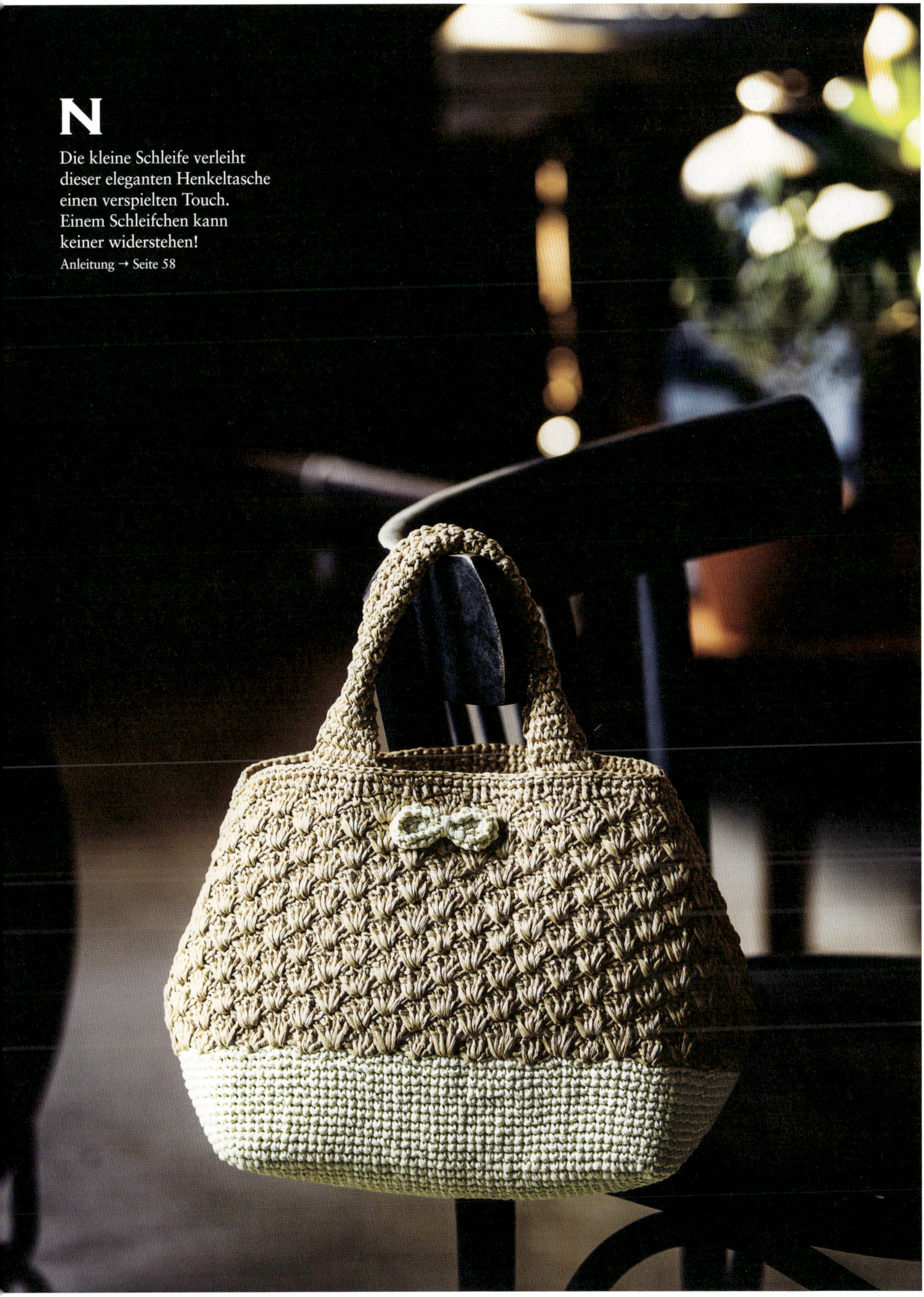

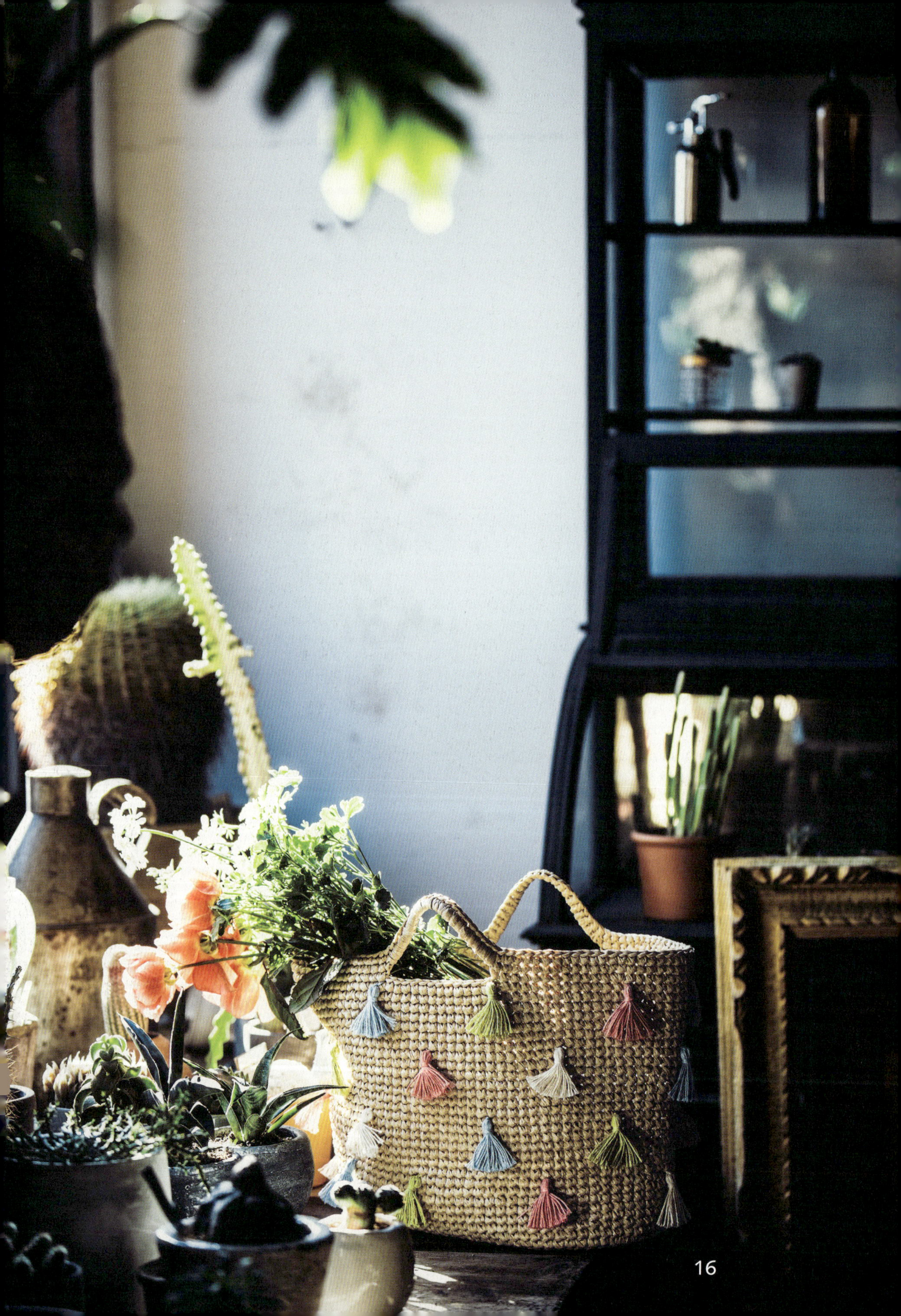

O

Farbenfrohe Quasten zieren diese große Tote Bag mit Lederboden. Ob beim Picknick oder im Urlaub, dieser praktische Begleiter macht überall eine gute Figur!

Anleitung → Seite 60

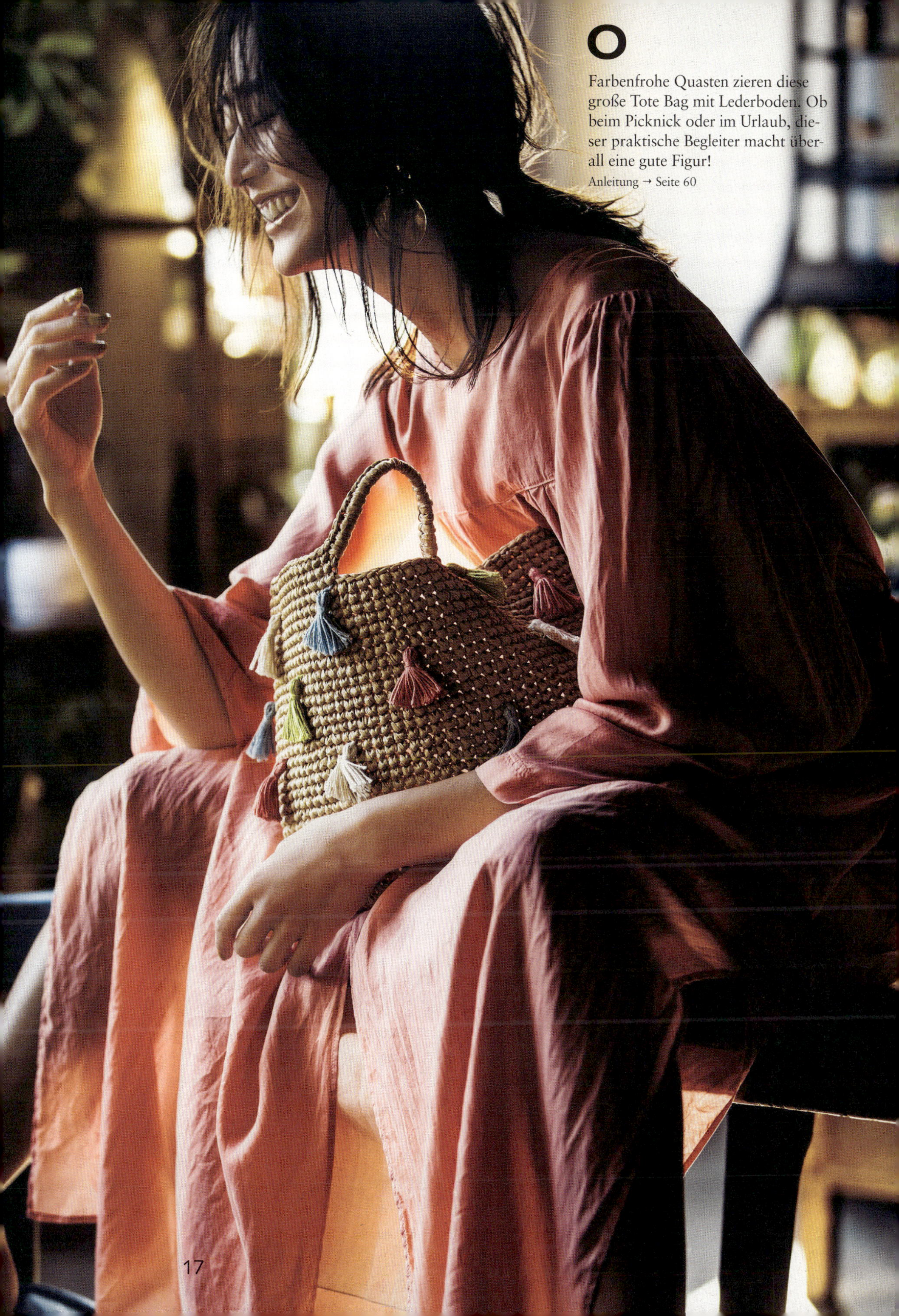

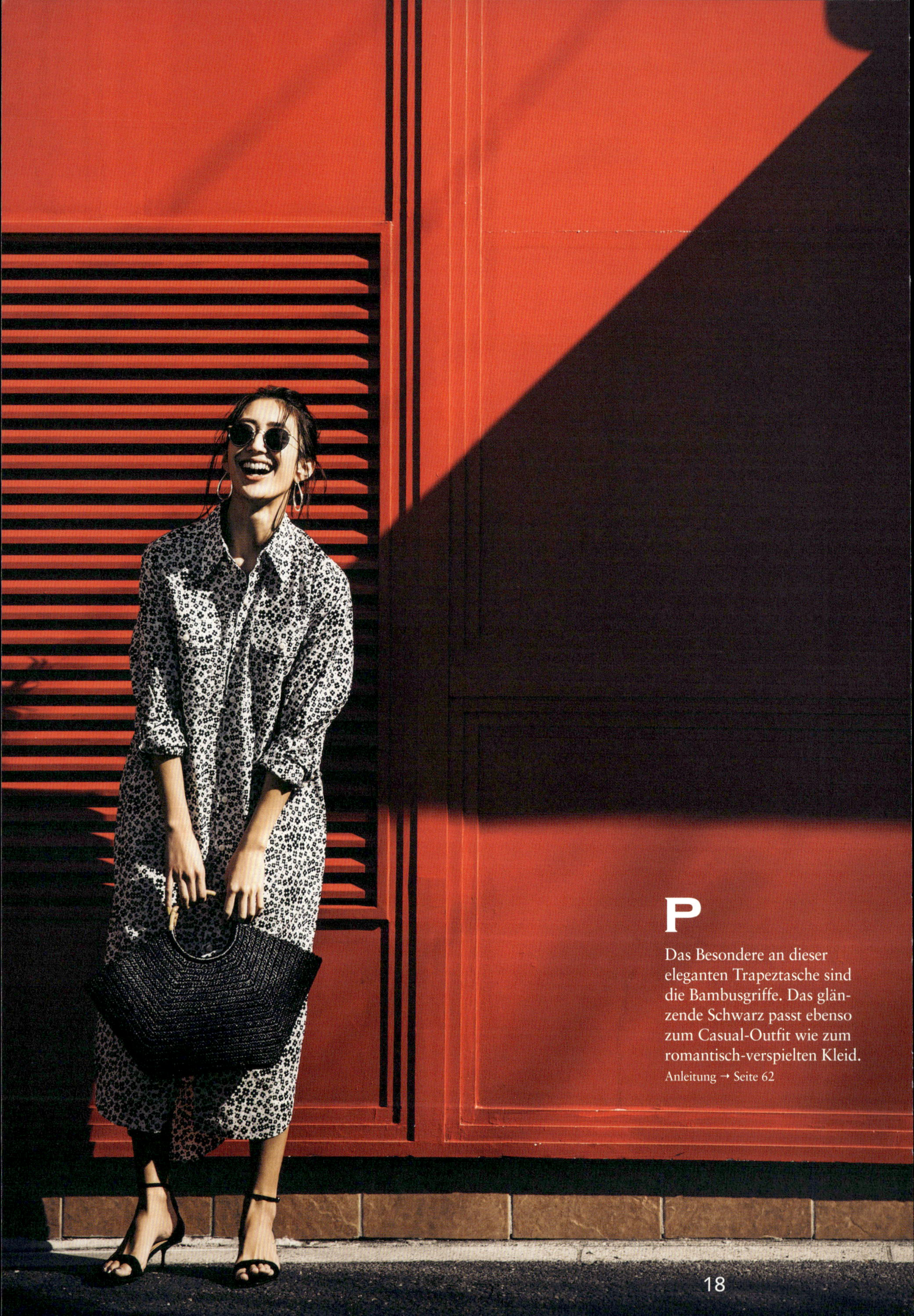

P

Das Besondere an dieser eleganten Trapeztasche sind die Bambusgriffe. Das glänzende Schwarz passt ebenso zum Casual-Outfit wie zum romantisch-verspielten Kleid.

Anleitung → Seite 62

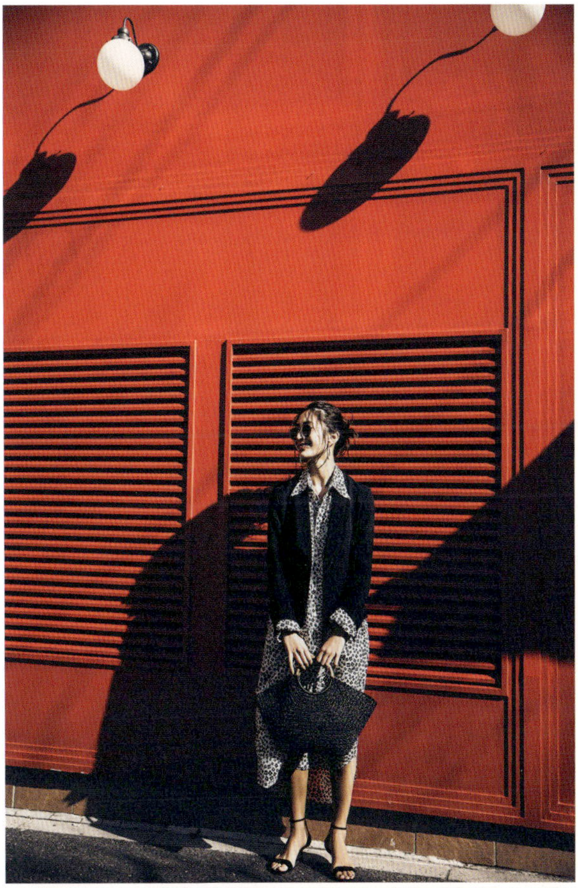
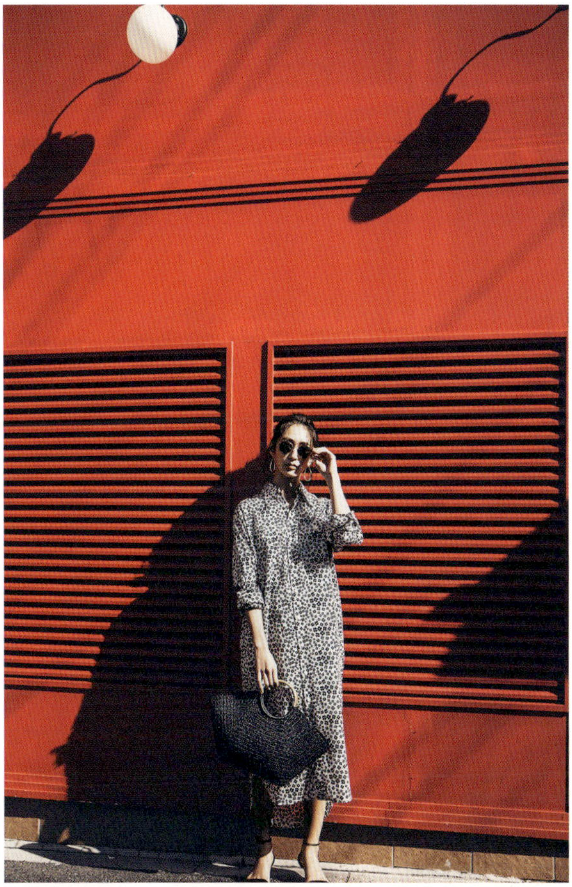
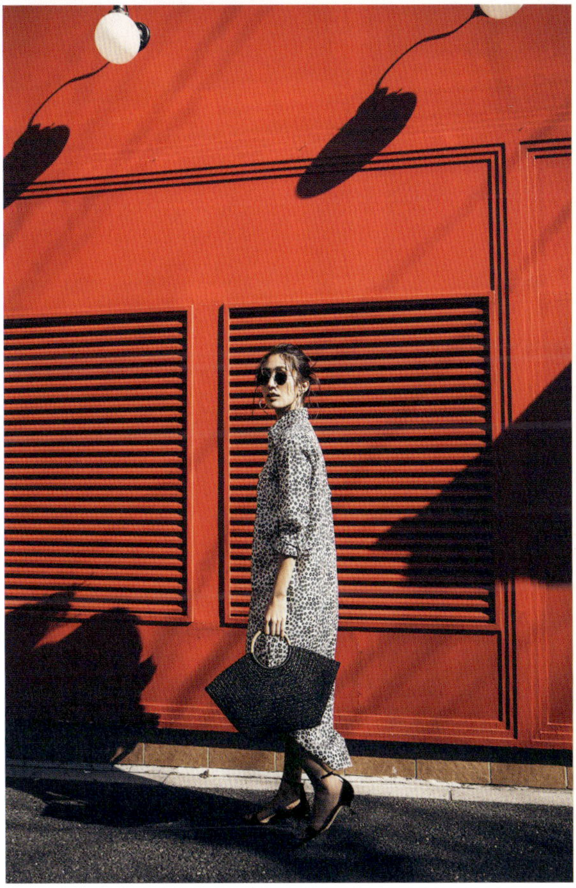
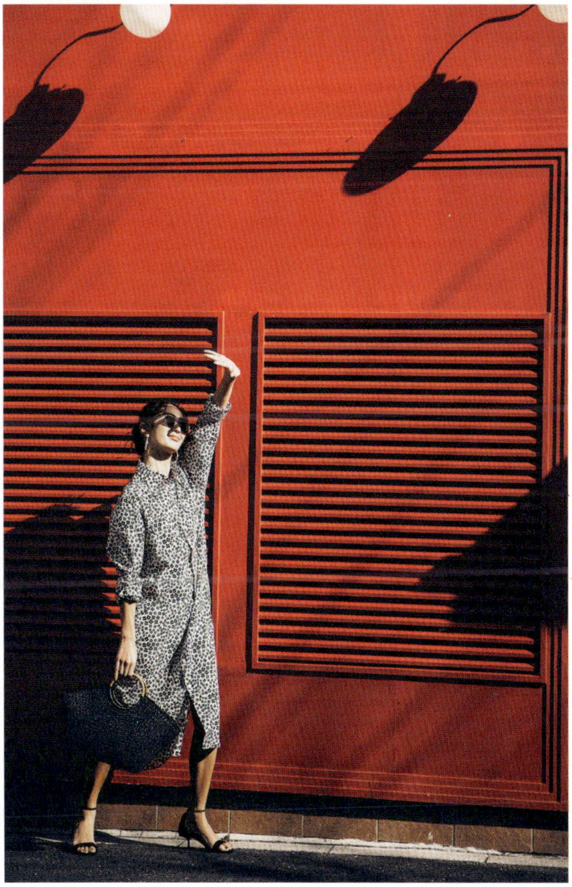

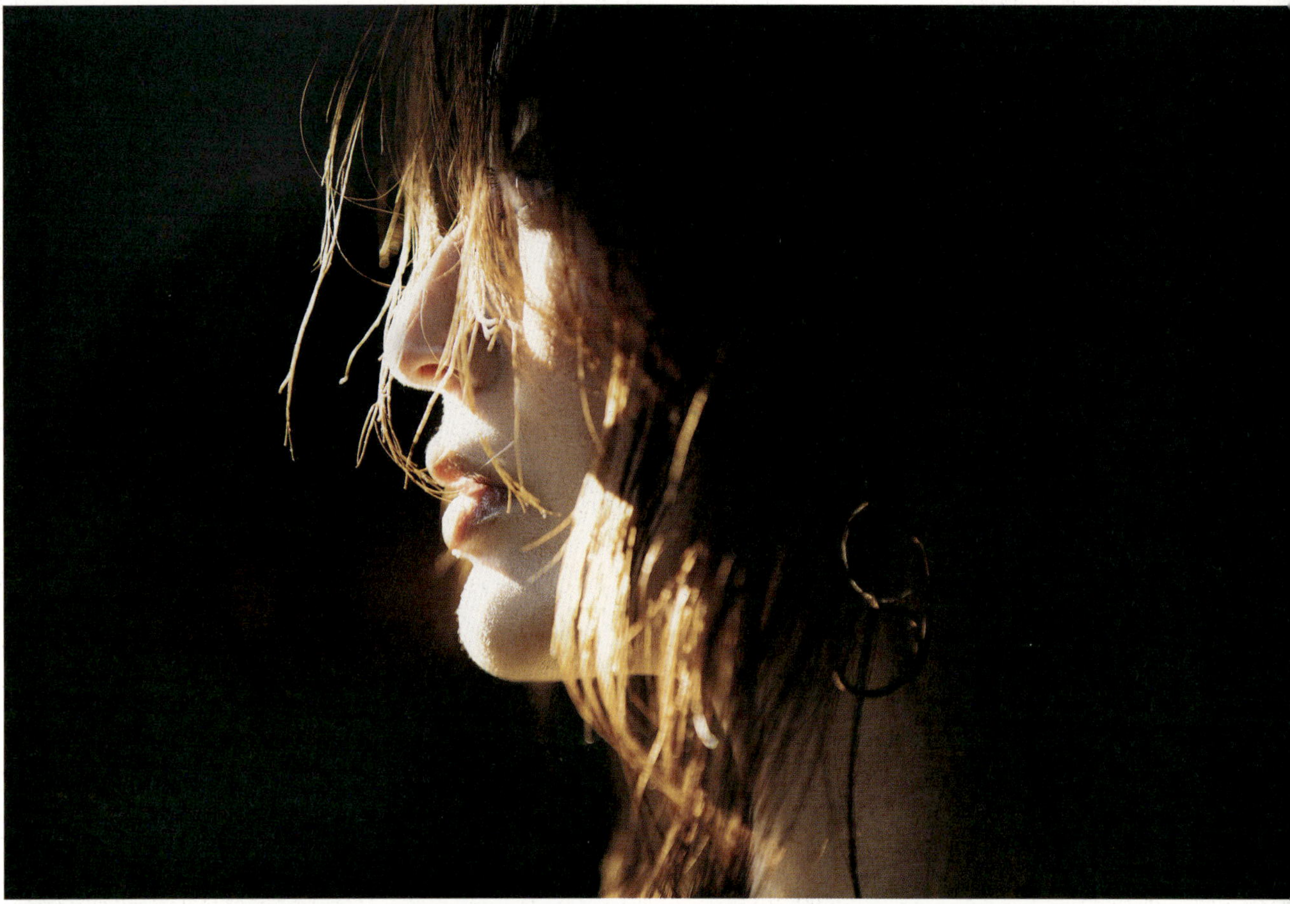

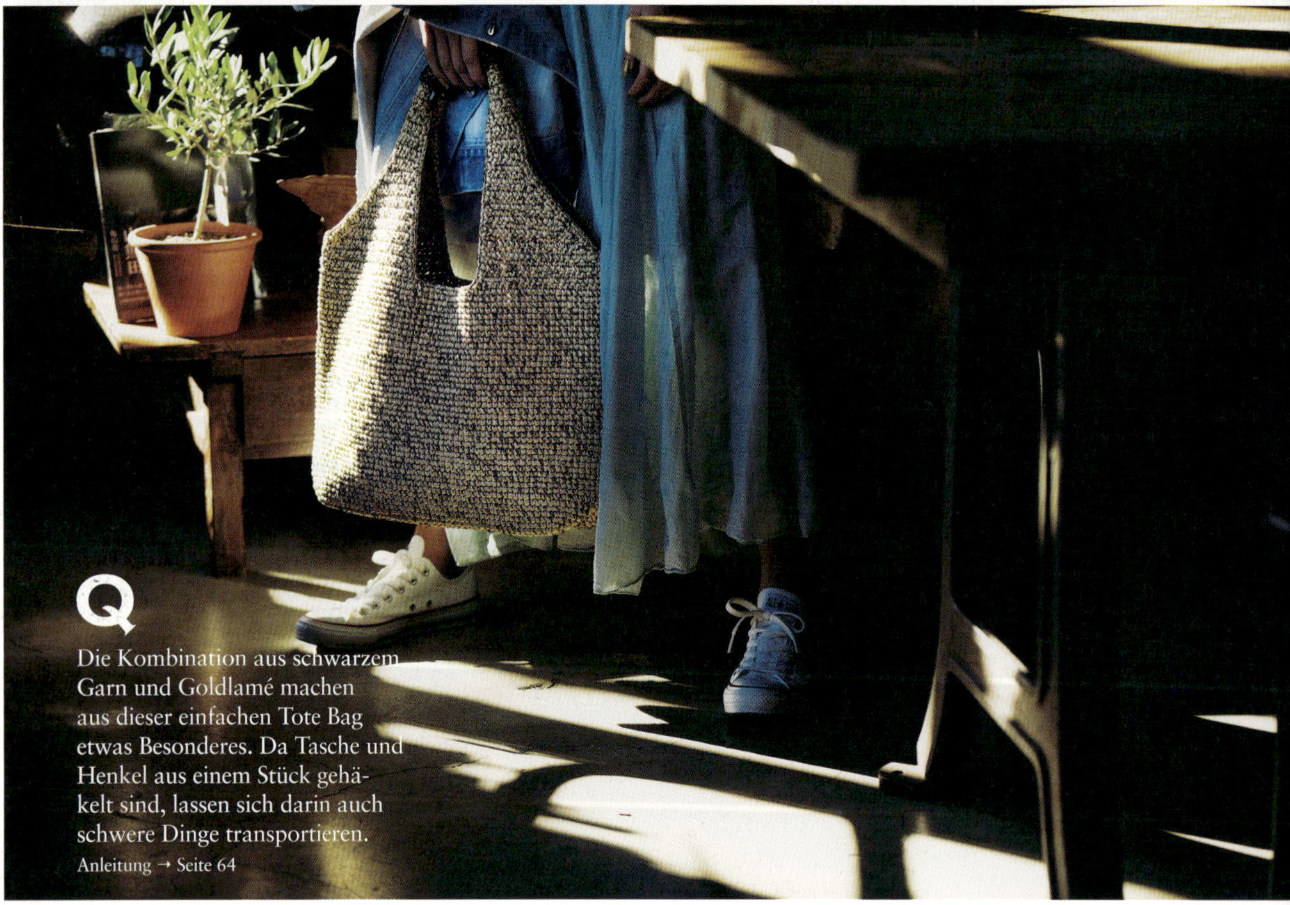

Q

Die Kombination aus schwarzem Garn und Goldlamé machen aus dieser einfachen Tote Bag etwas Besonderes. Da Tasche und Henkel aus einem Stück gehäkelt sind, lassen sich darin auch schwere Dinge transportieren.

Anleitung → Seite 64

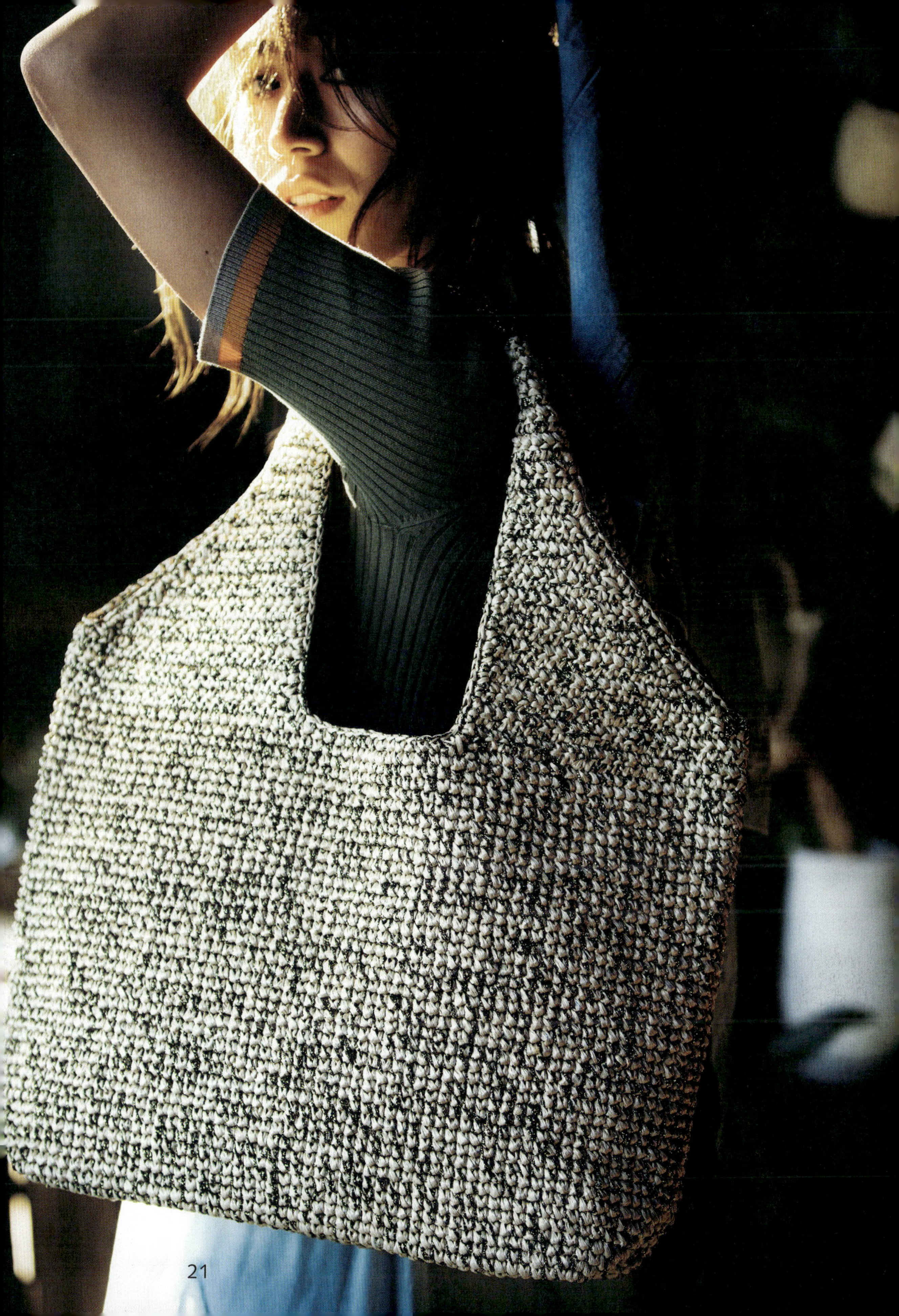

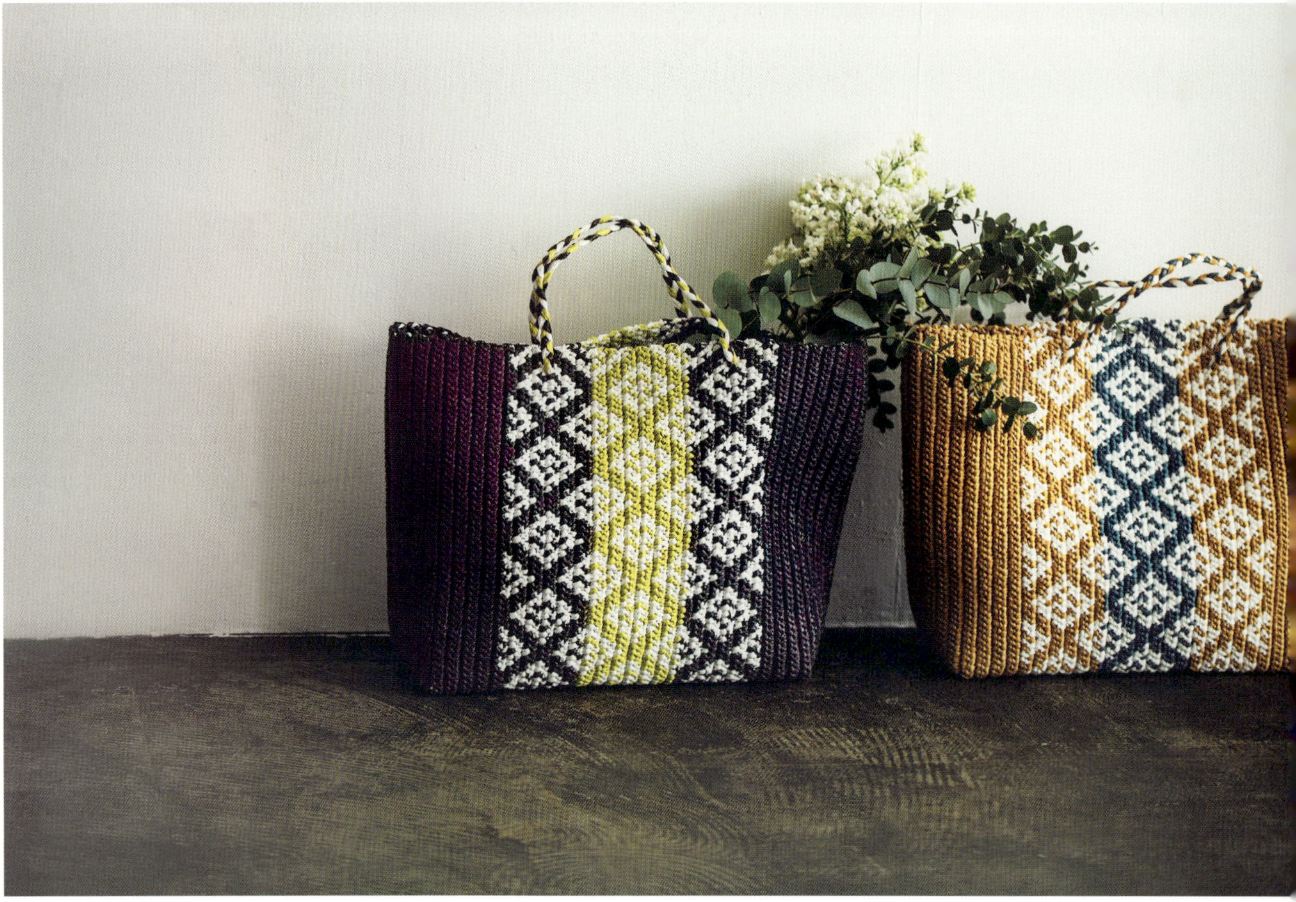

R

Blickfang an dieser Markt-Tasche ist das eingehäkelte geometrische Muster. Kräftiges Violett und Gelbgrün setzen stylische Akzente.

Anleitung → Seite 66

S

In Orange und Blau verströmt das gleiche Modell einen unwiderstehlichen Retrocharme. Oder häkeln Sie die Tasche in Ihrer ganz persönlichen Farbkombination!

Anleitung → Seite 66

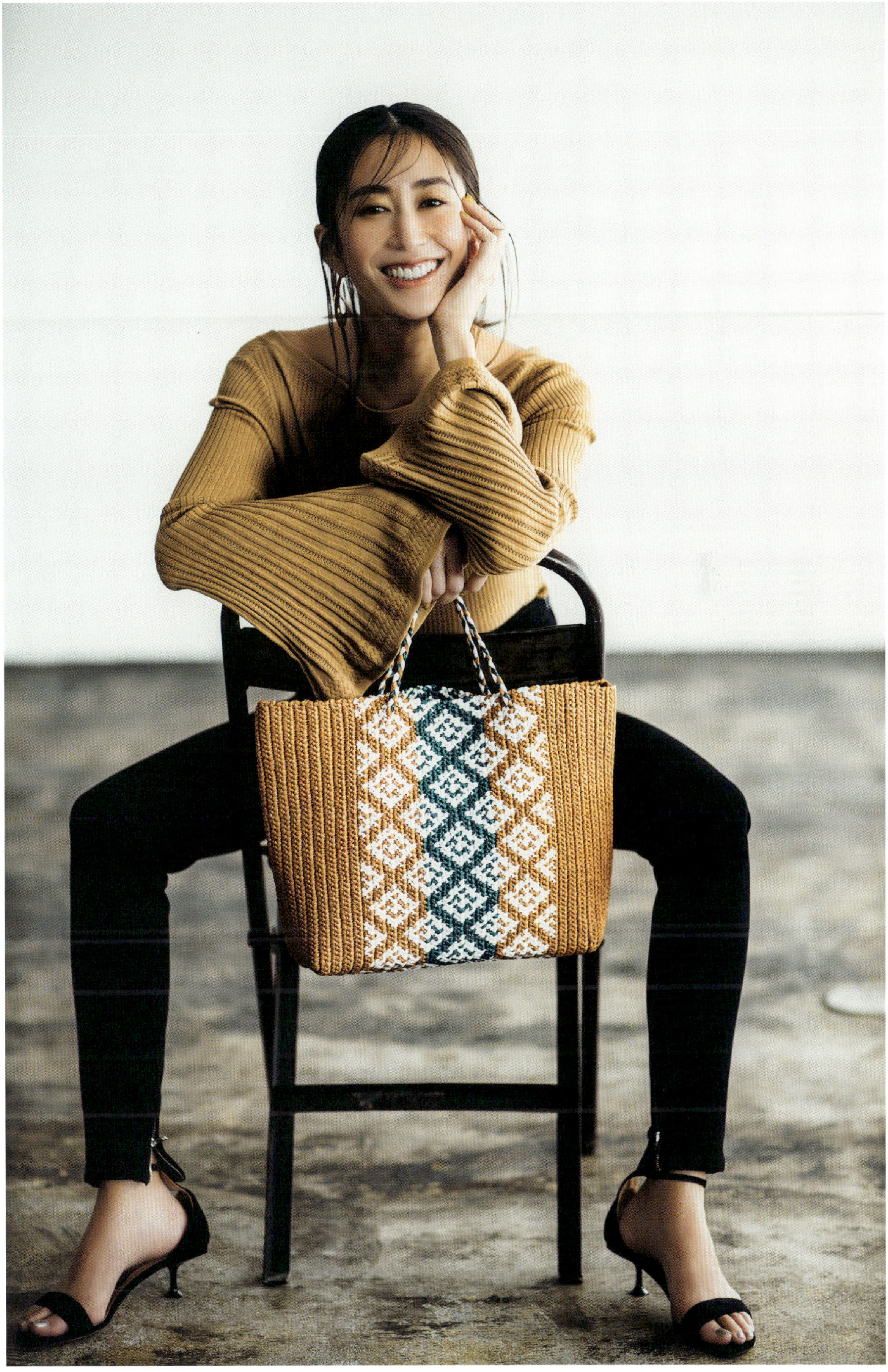

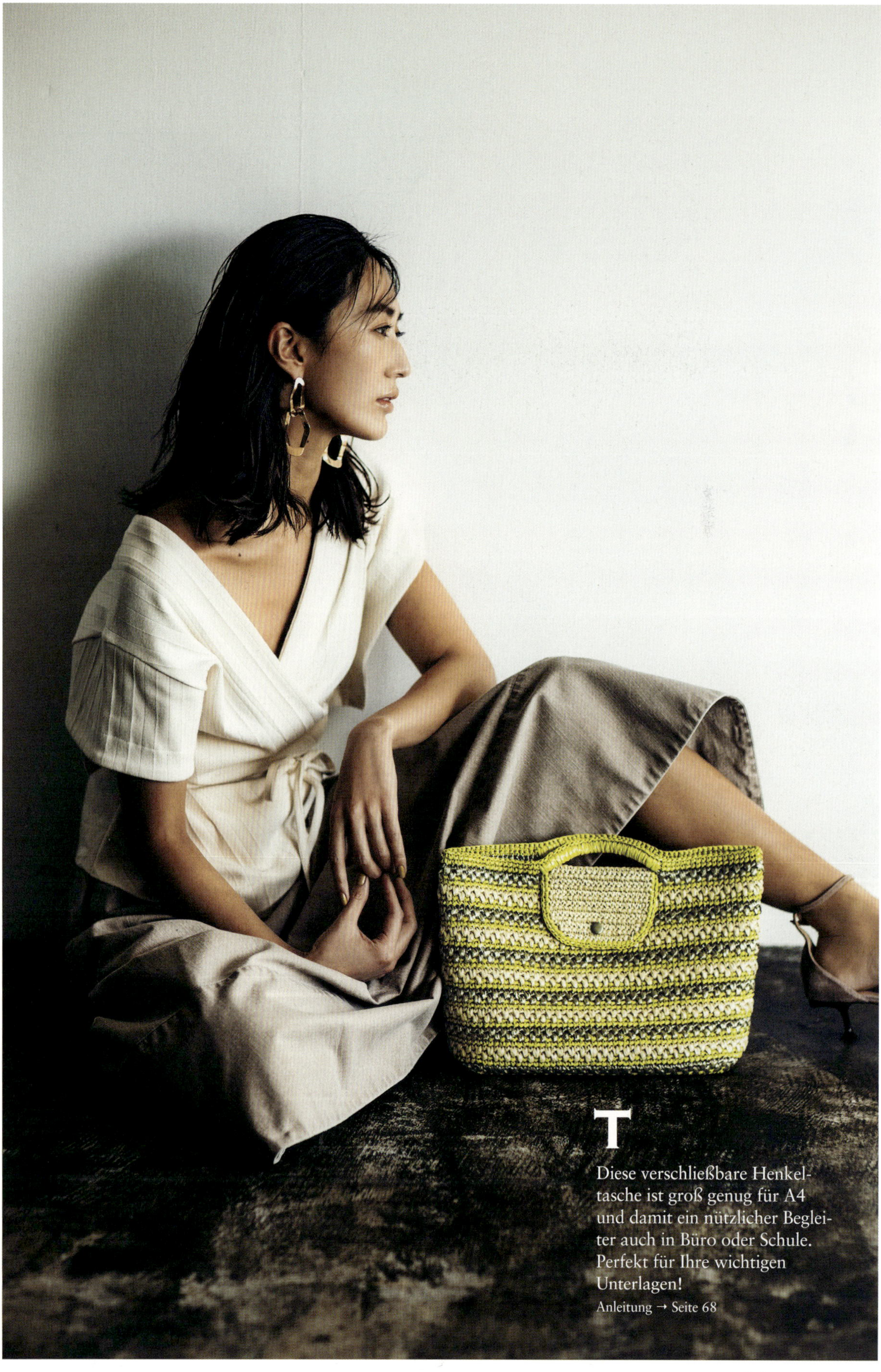

T

Diese verschließbare Henkeltasche ist groß genug für A4 und damit ein nützlicher Begleiter auch in Büro oder Schule. Perfekt für Ihre wichtigen Unterlagen!

Anleitung → Seite 68

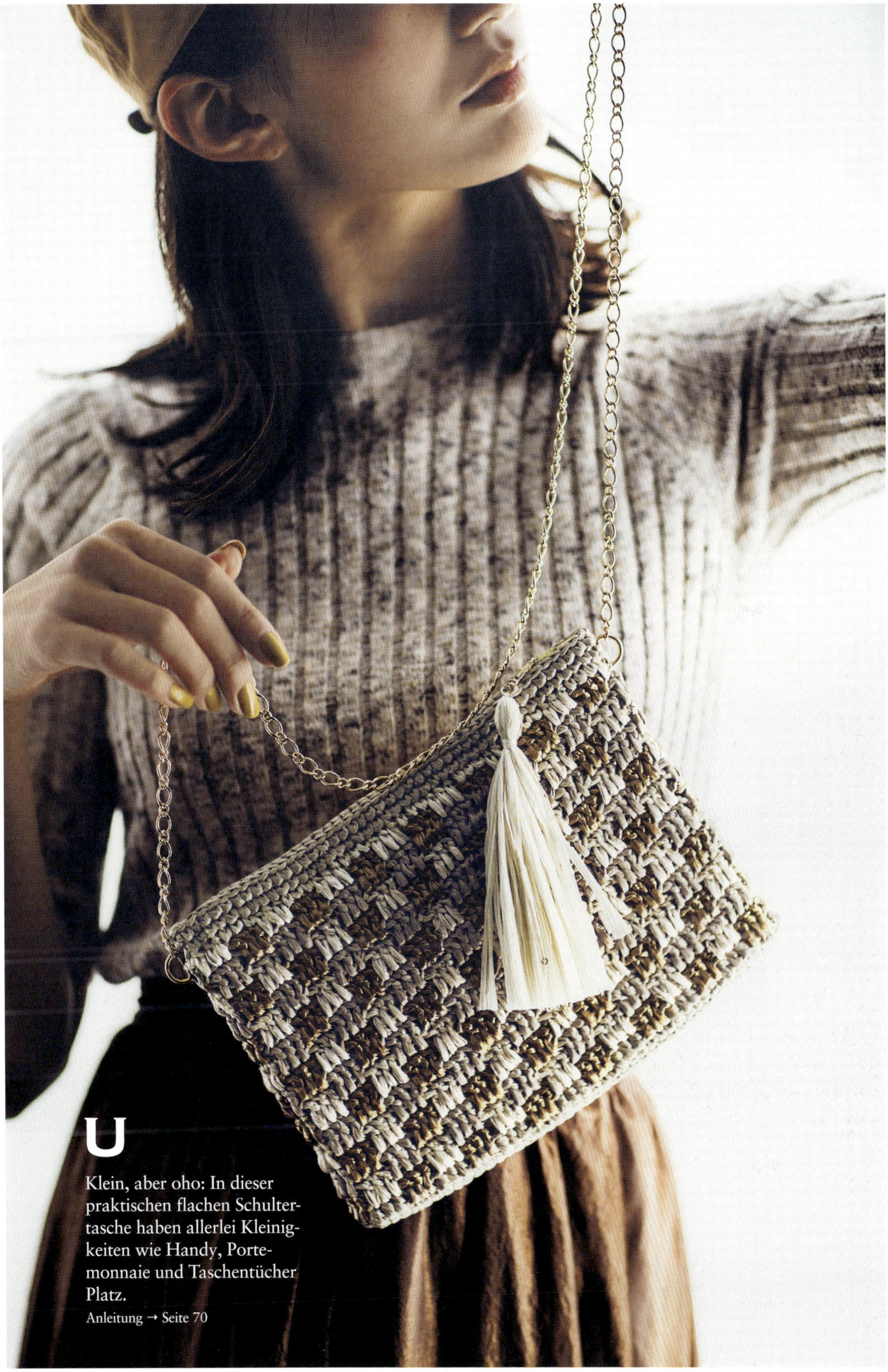

U

Klein, aber oho: In dieser praktischen flachen Schultertasche haben allerlei Kleinigkeiten wie Handy, Portemonnaie und Taschentücher Platz.

Anleitung → Seite 70

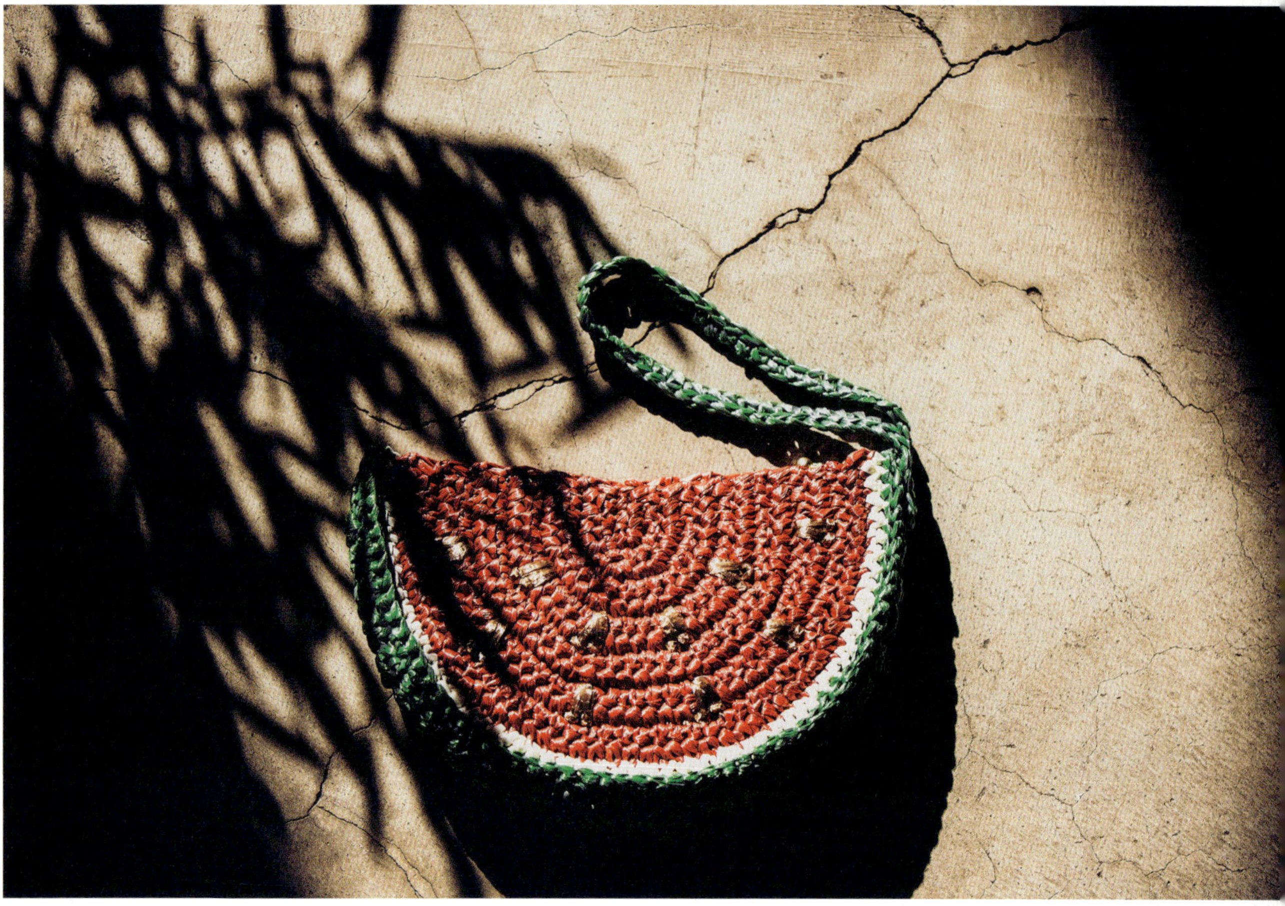

V

Mit der witzigen Wassermelonen-Tasche ziehen Sie garantiert alle Blicke auf sich! Die goldenen Kerne wirken gleichzeitig edel und verspielt.

Anleitung → Seite 72

W

Eimertaschen liegen voll im Trend. Dieses Modell ist dank Streifen- und Rautenmuster in Schwarz und Beige besonders stylisch.

Anleitung → Seite 74

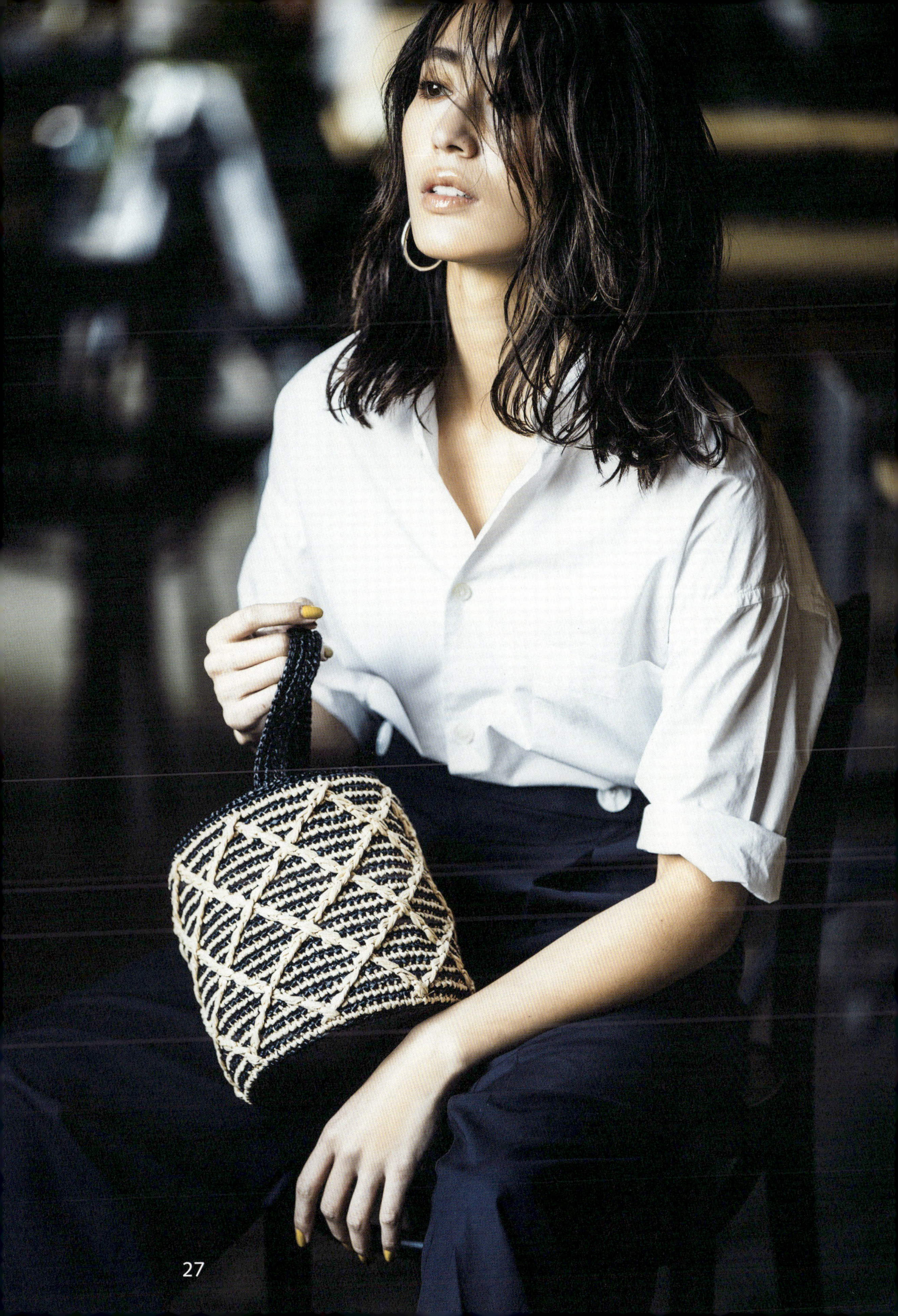

Spezialtechniken

Häkeln mit Verstärkungsfaden

⁂ Spezialtechnik für Modell D auf S. 6 (Anleitung S. 38)

⁂ Zum besseren Verständnis wurde der Dekorationsfaden im Bild teilweise schwarz eingefärbt.

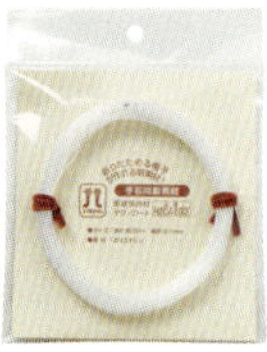

Dekorationsfaden (Perlonfaden)

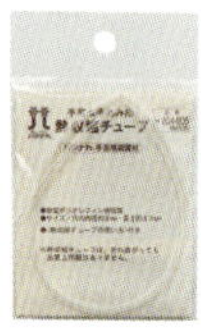

Schrumpfschlauch

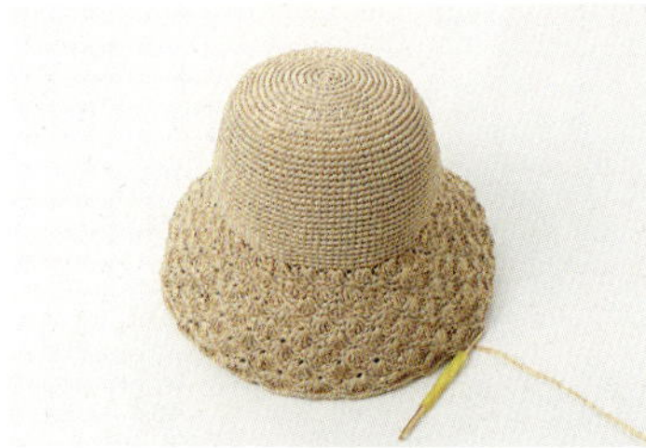

1 Hier wurden 15 Rd der Krempe gehäkelt.

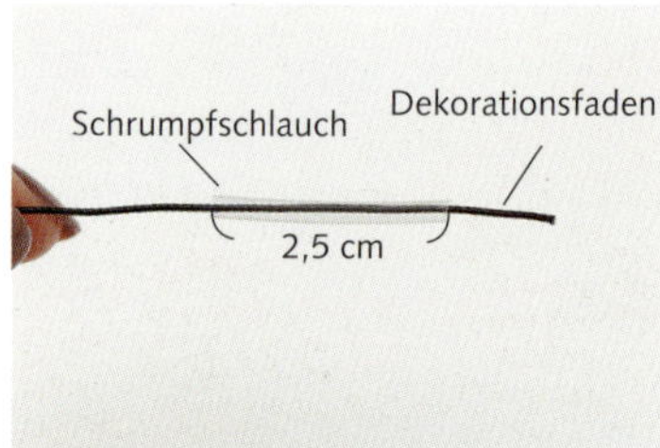

2 2,5 cm Schrumpfschlauch abschneiden und auf den Dekorationsfaden schieben.

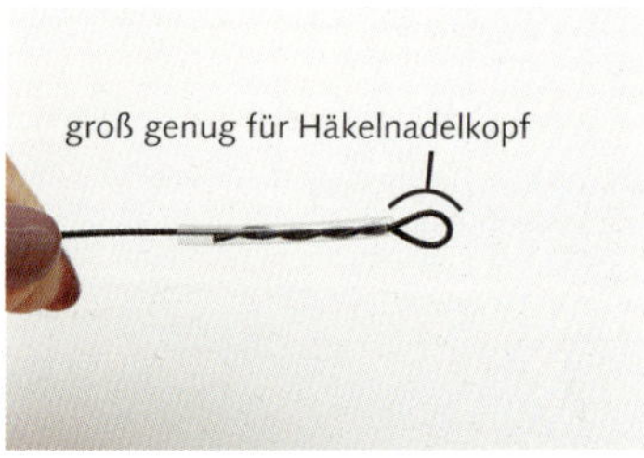

3 3 cm Dekorationsfaden zurückbiegen, mehrfach verdrehen, bis eine Schlaufe entsteht, Ende in den Schrumpfschlauch schieben. Schlauch mit einem Föhn erwärmen, bis er sich zusammenzieht.

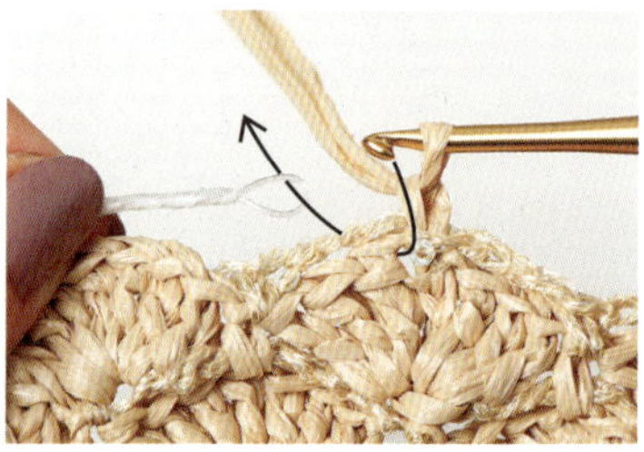

4 Für die 16. Rd 1 Hebe-Lm häkeln, in Pfeilrichtung unter die 3 Hebe-Lm aus Rd 15 und durch den Kunststoffring stechen.

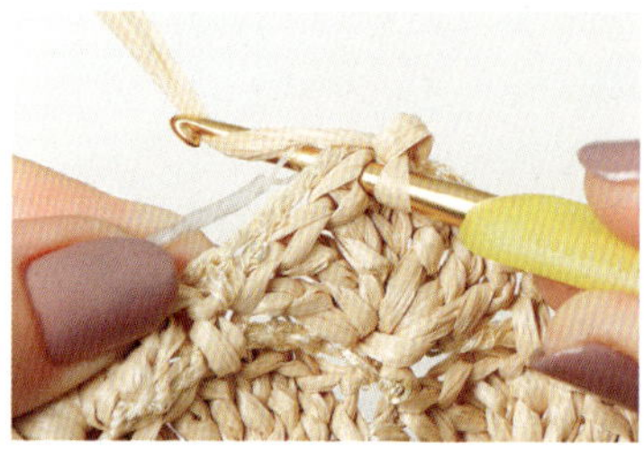

5 Faden holen und durchziehen.

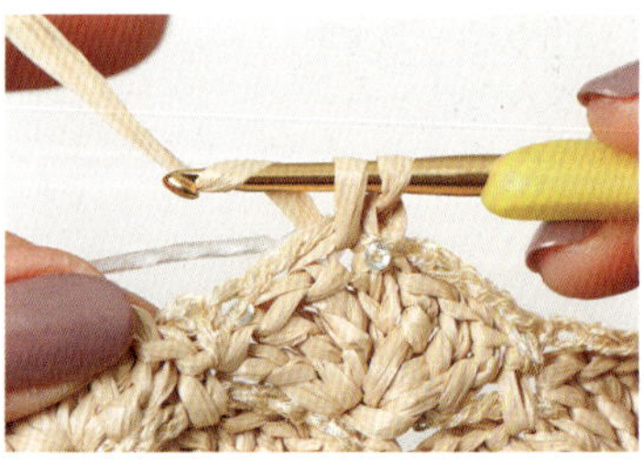

6 Faden erneut holen, 1 fM häkeln.

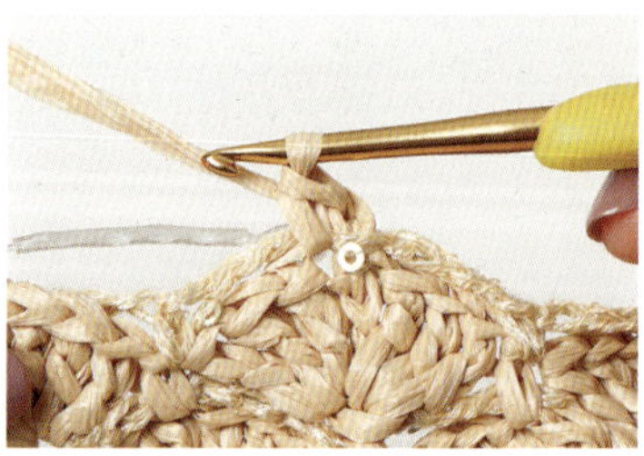

7 1 fM gehäkelt.

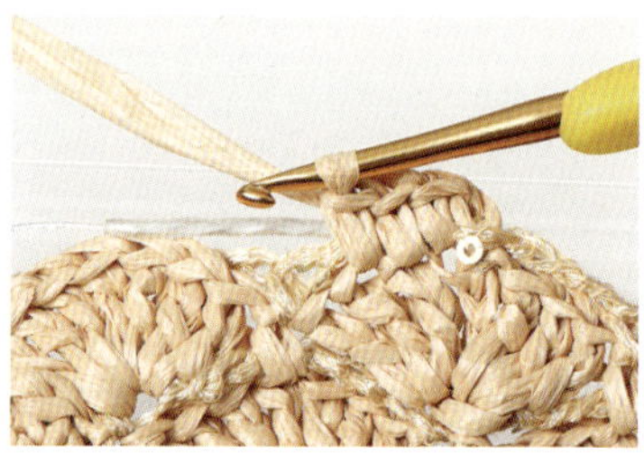

8 Um das Paillettengarn aus Rd 16 und die Kunststoffschnur noch 2 M häkeln.

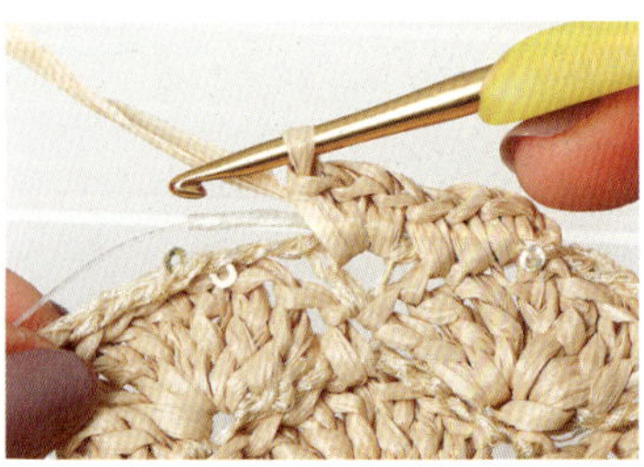

9 3 fM in die fM aus Rd 16 häkeln.

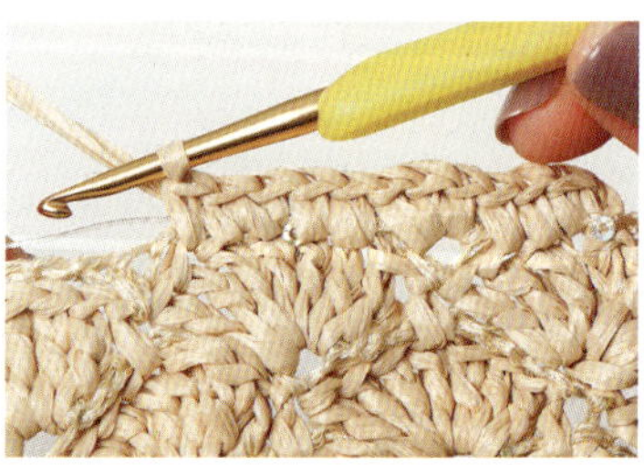

10 5 fM wie in Schritt 8 häkeln. Das Garn dabei gelegentlich auffächern, um ein schöneres Maschenbild zu erhalten.

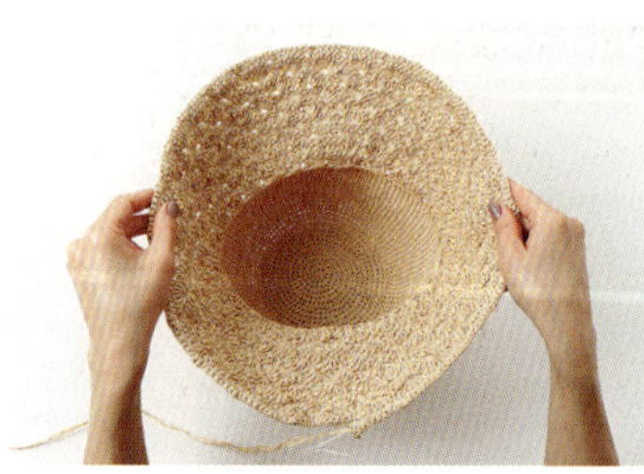

11 Ca. 5 cm vor Rd-Ende den Dekorationsfaden so zurechtziehen, dass er gleichmäßig verläuft.

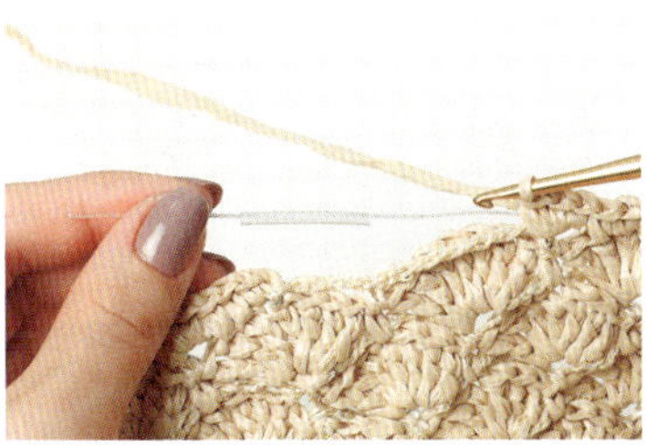

12 Dekorationsfaden abschneiden (8 cm stehen lassen). 2,5 cm Schrumpfschlauch abschneiden und über den Faden schieben.

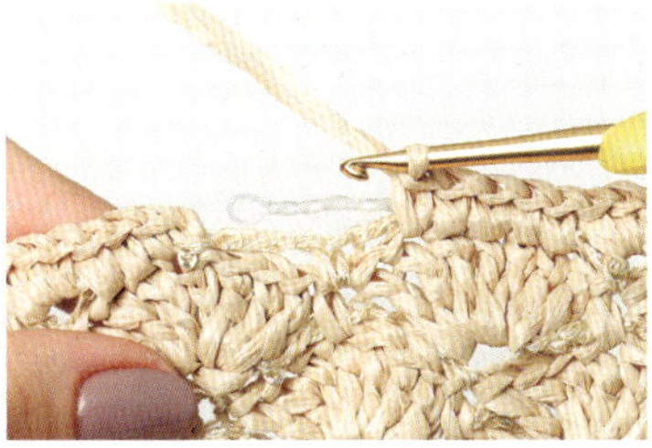

13 Das Ende des Dekorationsfadens wie den Anfang 3 cm lang umbiegen, zur Schlaufe zwirbeln und mit dem Schrumpfschlauch fixieren.

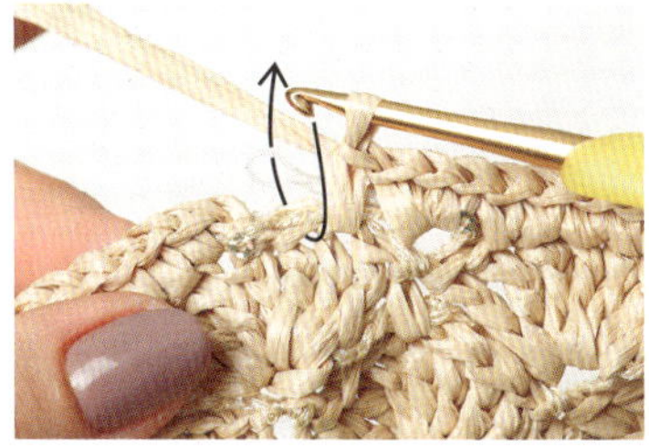

14 Bis zur vorletzten M häkeln. Mit der letzten M (in die 15. Rd) die Nadel in Pfeilrichtung durch den Kunststoffring stechen.

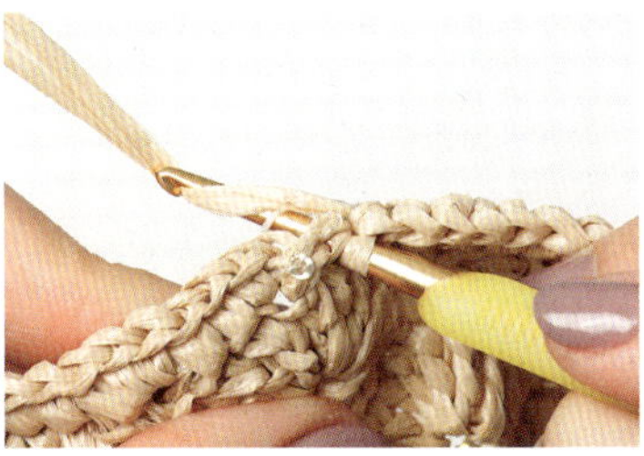

15 1 fM häkeln.

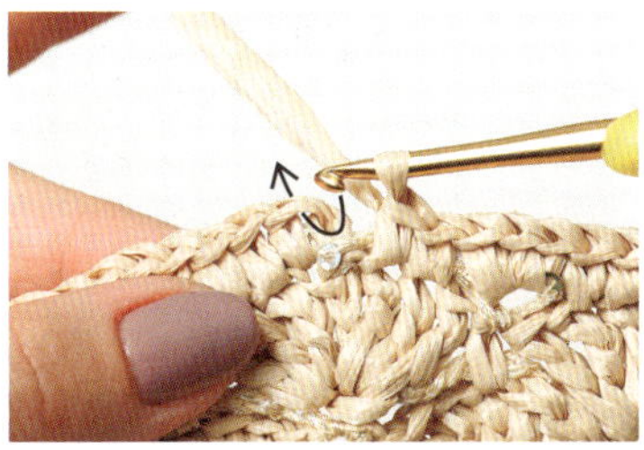

16 1 Km in die Anfangs-M häkeln.

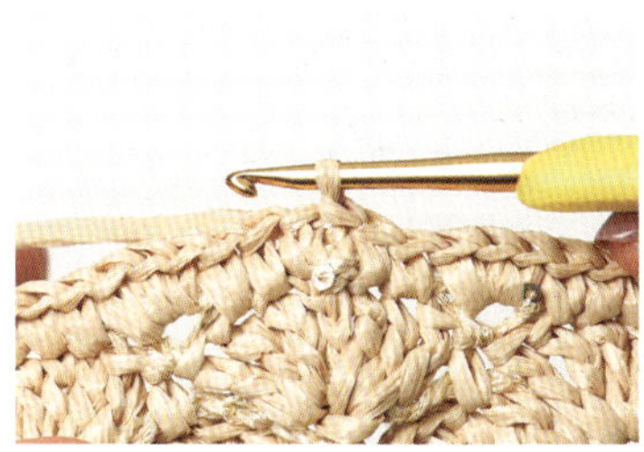

17 Die Runde ist nun geschlossen.

Magnetverschluss befestigen

⁜ Spezialtechnik für Modell G auf S. 9 (Anleitung S. 44)

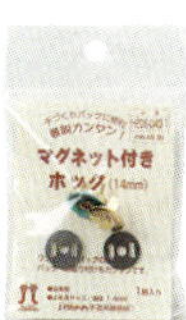

Magnet-verschluss

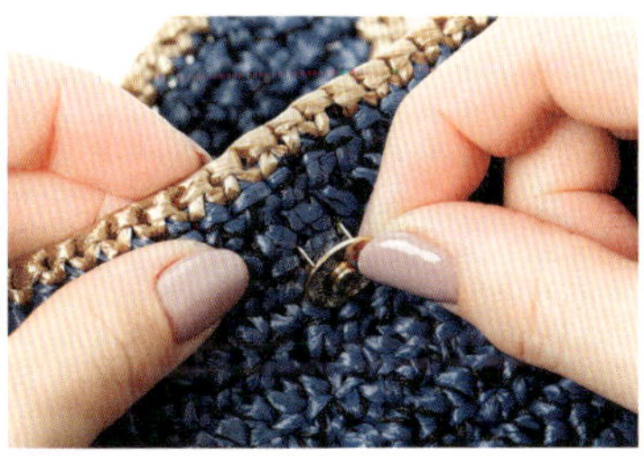

1 Laschen des Magnetverschluss-Oberteils (Knopfteil) von der Rückseite des Taschendeckels durch die Arbeit stecken.

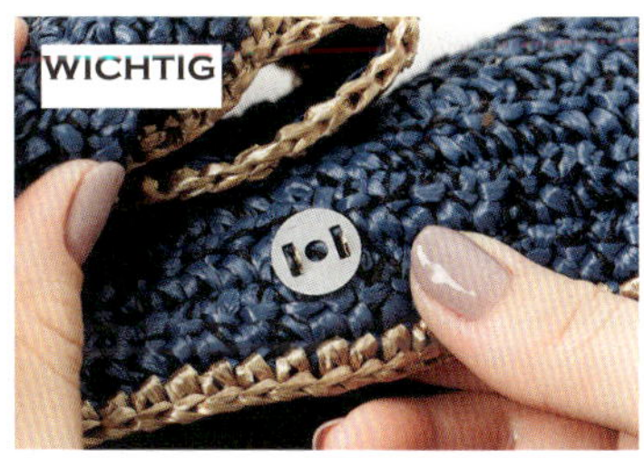

2 Auf der Vorderseite ein rundes Gegenplättchen in die Laschen einhängen.

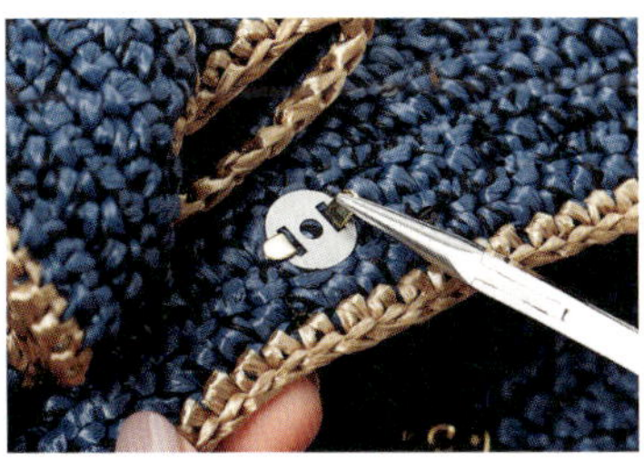

3 Laschen mit einer Zange umbiegen.

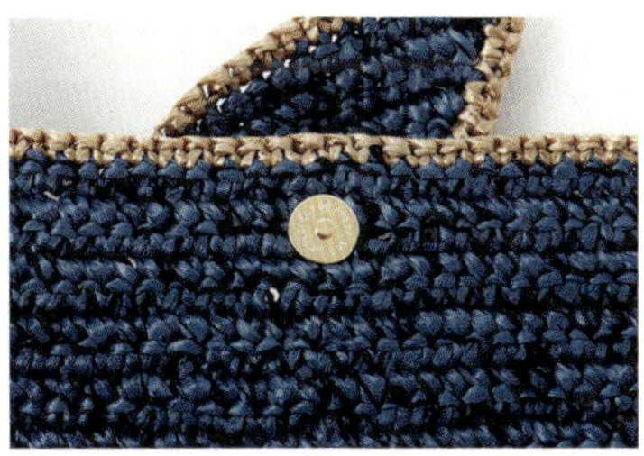

4 Das Oberteil ist nun befestigt.

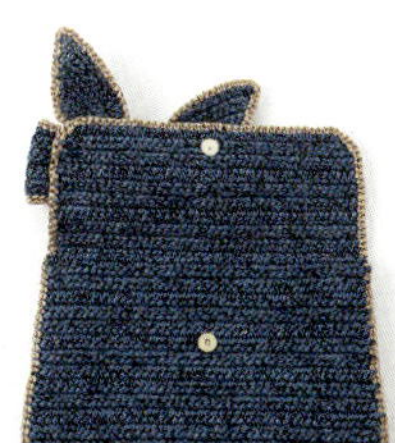

5 Auf dieselbe Weise das Magnetverschluss-Unterteil am Taschenkörper befestigen.

Reißverschluss einnähen

⁜ Spezialtechnik für Modell H auf S. 10 (Anleitung S. 50)
⁜ Zum besseren Verständnis wurde hier ein rotes Nähgarn gewählt.

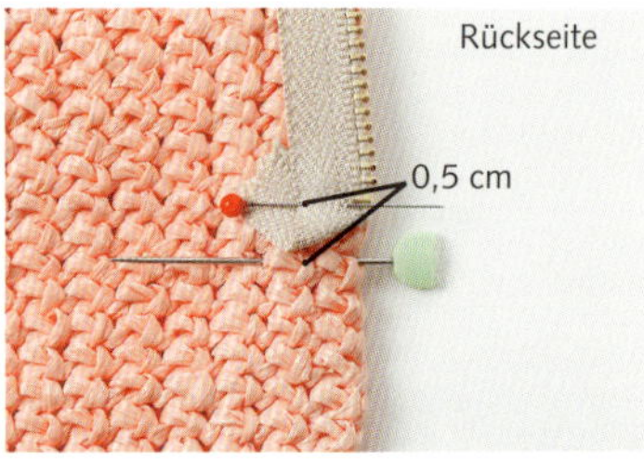

1 Arbeit zur Hälfte umklappen, Ende des Reißverschlussbandes zum Dreieck falten und 0,5 cm über dem Falz mit einer Stecknadel feststecken.

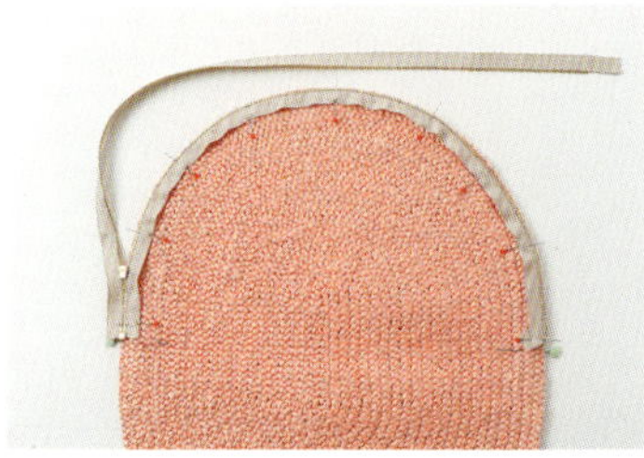

2 Reißverschluss in gleichmäßigen Abständen halbkreisförmig feststecken.

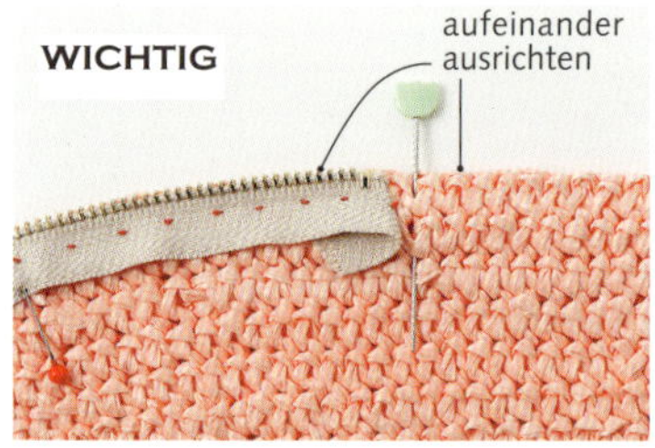

3 Nähfaden einfädeln und verknoten, Band mit kleinen Stichen im offenen Rückstich so annähen, dass die Naht auf der Vorderseite unsichtbar ist. Reißverschluss dabei auf die Häkelkante ausrichten.

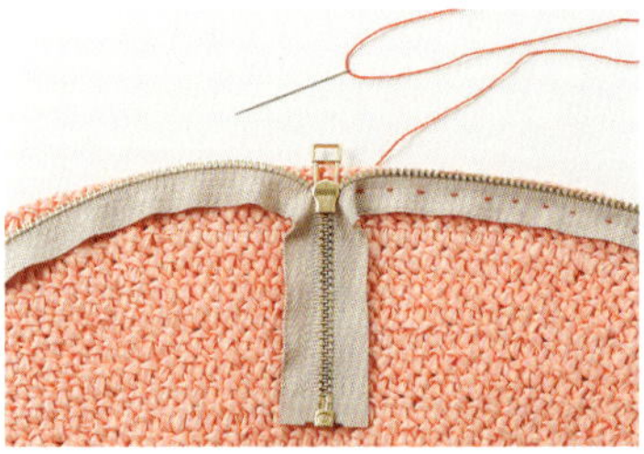

4 Falls der Reißverschluss zu lang ist, das Ende ins Innere der Tasche hängen lassen. Wenn eine Reißverschlusshälfte angenäht ist, die Nadel auf die Vorderseite der Arbeit durchstechen.

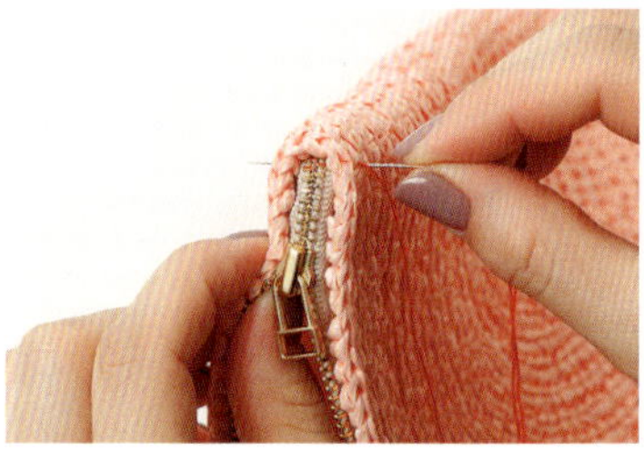

5 Arbeit links auf links zusammenlegen, Reißverschlussteile ausrichten und auf die gegenüberliegende Seite durchstechen.

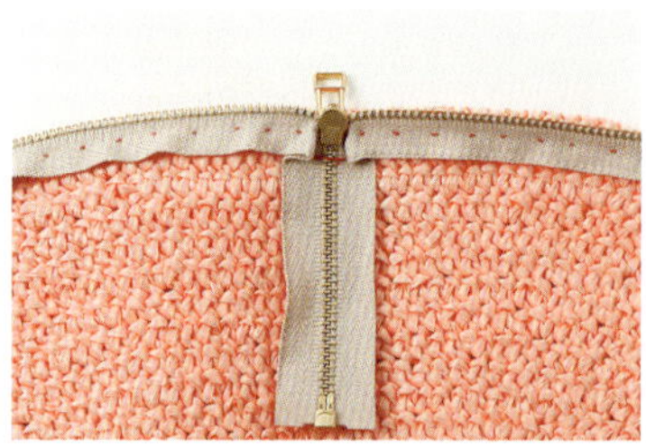

6 Nadel wieder auf die Rückseite der Arbeit durchstechen, die zweite Reißverschlusshälfte wie in Schritt 2 und 3 feststecken und im offenen Rückstich annähen.

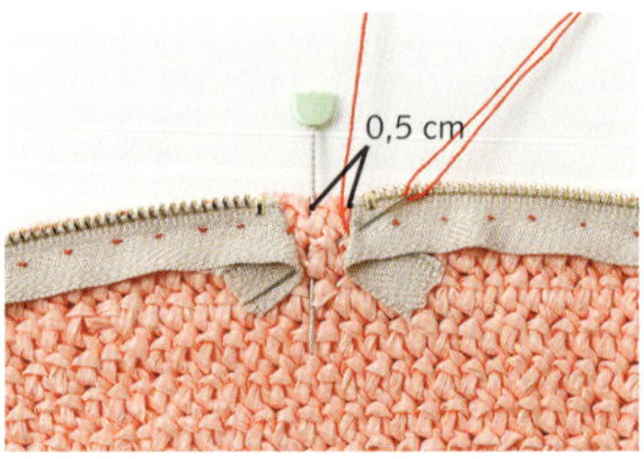

7 Zum Schluss das Bandende wie den Anfang zum Dreieck falten.

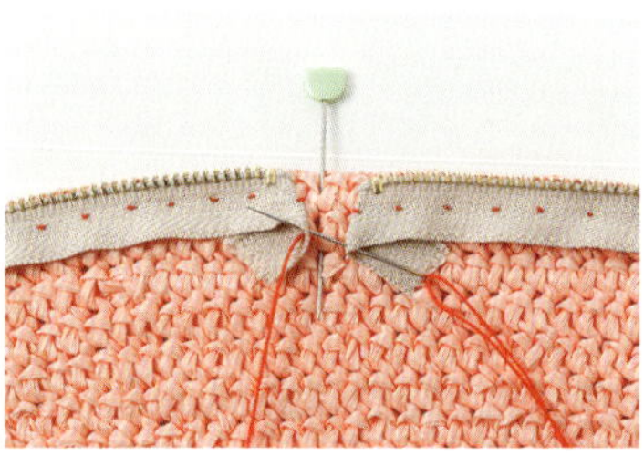

8 Die gefalteten Enden mit einem Stich zusammennähen.

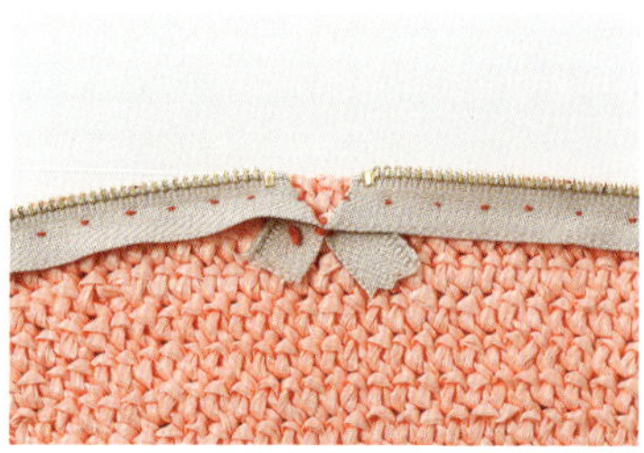

9 Mit einem französischen Knoten abschließen und den Faden abschneiden.

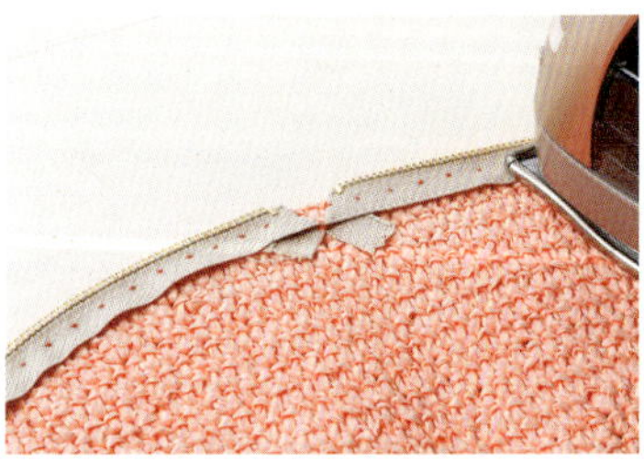

10 Reißverschlussband mit der Spitze des Dampfbügeleisens herunterbügeln.

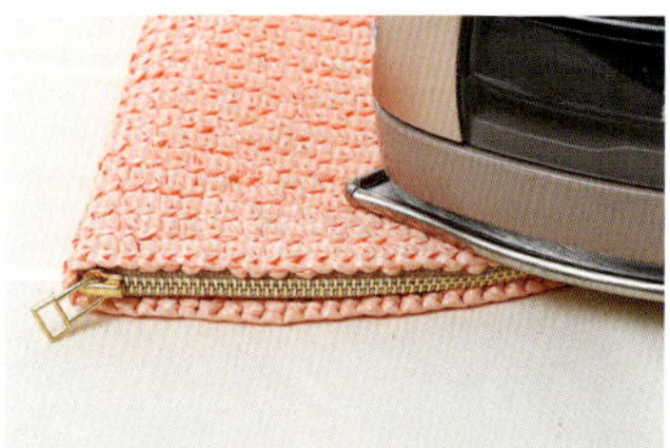

11 Die Reißverschlusskante von der Vorderseite der Arbeit mit Dampf glatt bügeln.

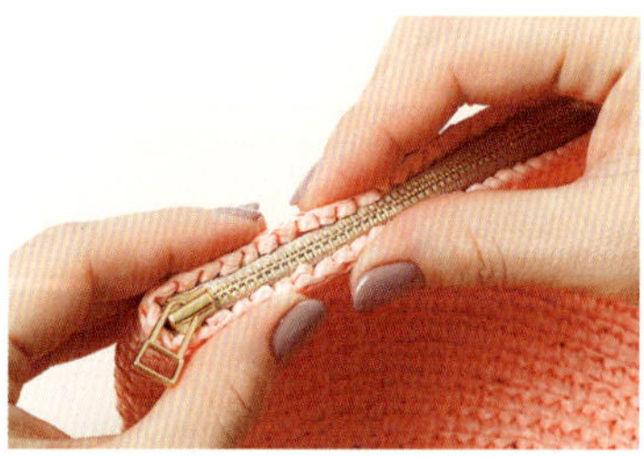

12 Kante mit den Fingern zusammendrücken und korrigieren, bis keine Lücken mehr zu sehen sind.

Doppelquaste herstellen

⁂ Spezialtechnik für Modell H auf S. 10 (Anleitung S. 50)

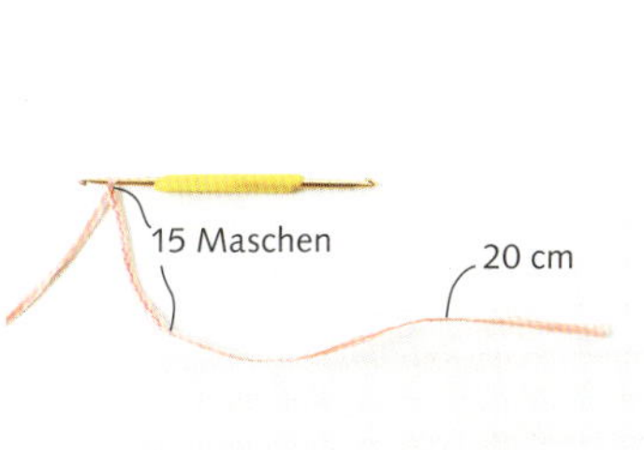

1 15 Lm anschlagen, dabei das Fadenende 20 cm lang lassen.

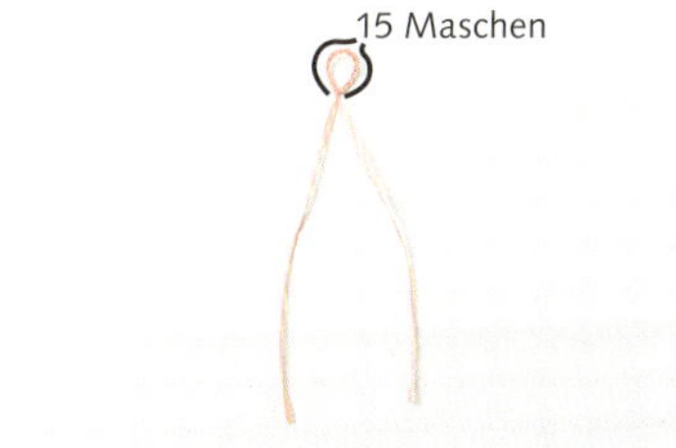

2 Faden 20 cm lang abschneiden, aus den Lm eine Schlaufe bilden und verknoten.

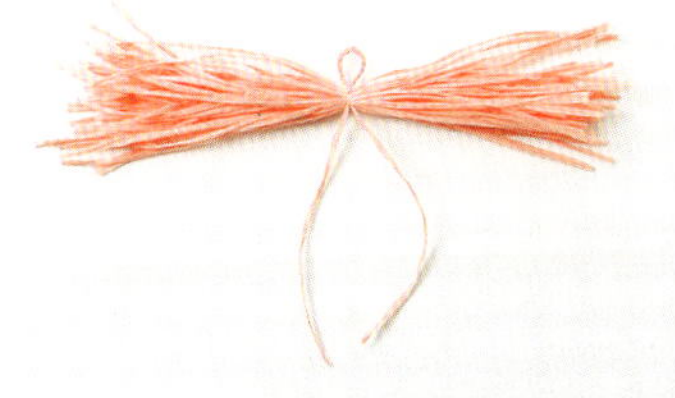

3 40 Fäden à 30 cm zurechtschneiden, bündeln und mit dem vorbereiteten Faden in der Mitte zusammenknoten.

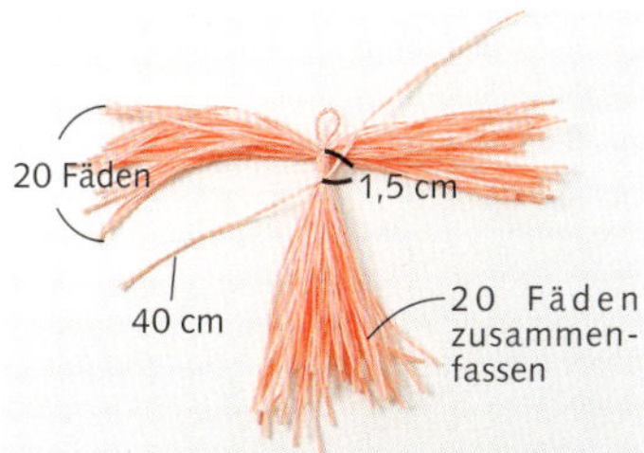

4 Fadenbündel in je 20 obere und untere Fäden teilen, untere Hälfte zusammenfassen (mit den Fäden aus Schritt 2). 40 cm langen Faden ab dem Knoten 2- bis 3-mal um das Bündel wickeln, Faden verknoten.

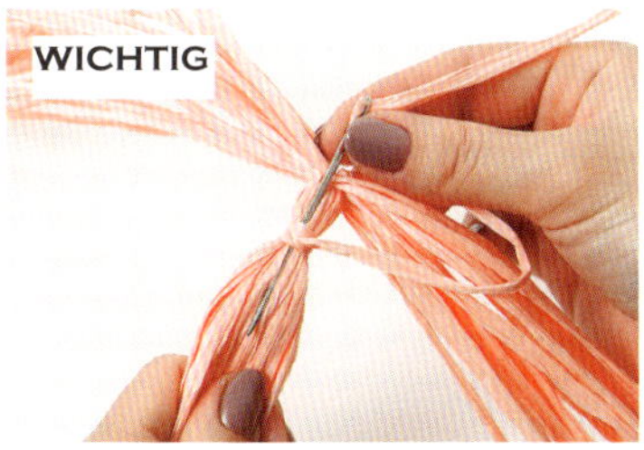

5 Wickelfaden aus Schritt 4 in eine Wollnadel einfädeln und von oben nach unten durch den Knoten ziehen.

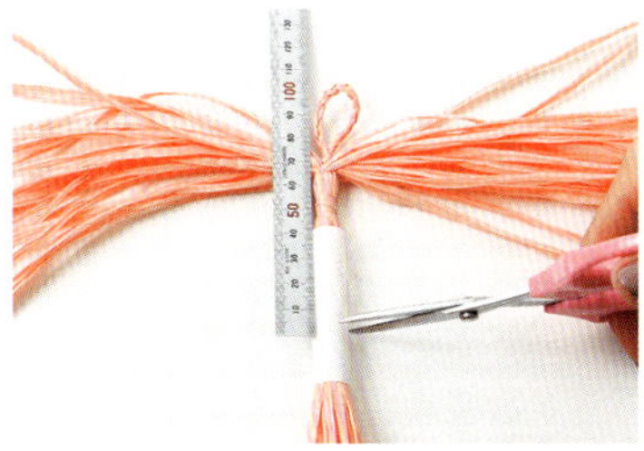

6 8 cm breiten Papierstreifen um die unteren Fäden wickeln und mit einem Klebestreifen fixieren. Fadenbündel 7 cm unter dem Knoten aus Schritt 2 abschneiden.

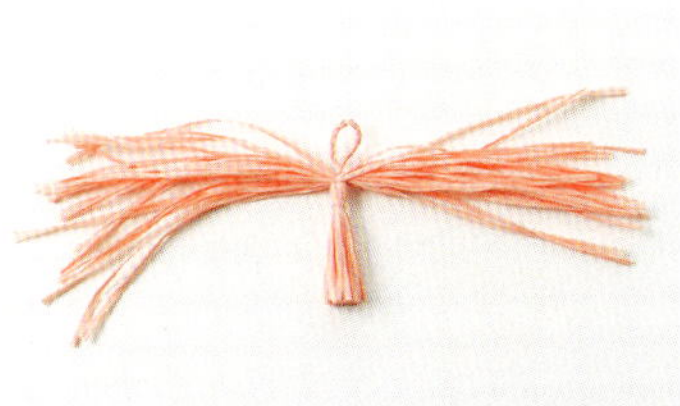

7 Papierstreifen entfernen. Mit dieser Methode lassen sich die Fäden besonders gerade abschneiden.

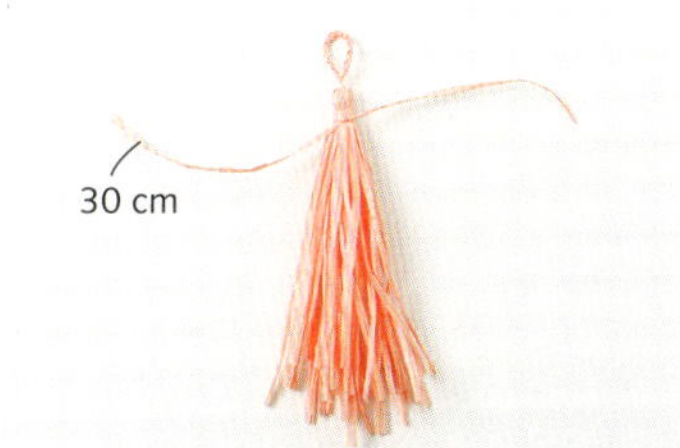

8 Die oberen Fäden nach unten zusammenfassen und mit einem 30 cm langen Faden 1,5 cm unter dem Knoten aus Schritt 2 zusammenbinden.

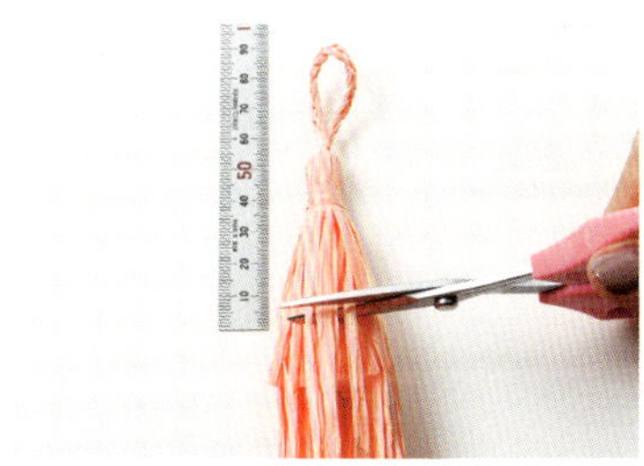

9 Äußeres Fadenbündel 5 cm unter dem Knoten aus Schritt 2 stückweise kürzen. Dabei darauf achten, die inneren Fäden nicht mit abzuschneiden.

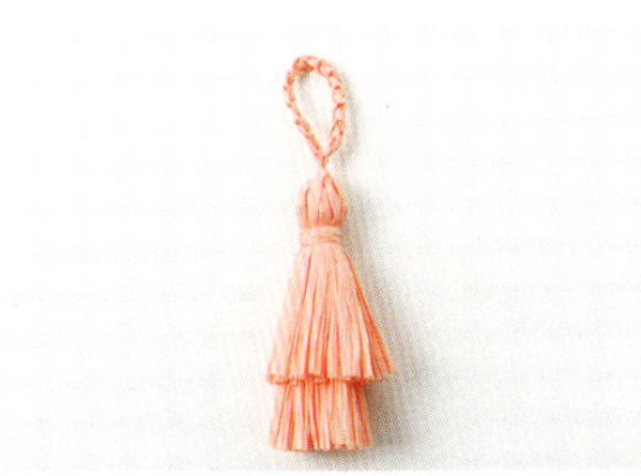

10 Quaste nach dem Kürzen der äußeren Fäden.

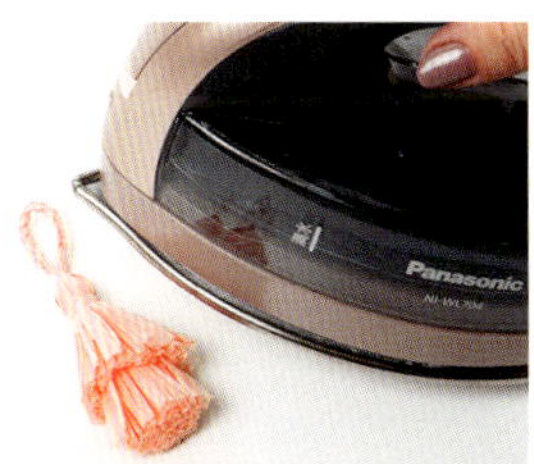

11 Quaste mit dem Dampfbügeleisen dämpfen, um das Volumen zu vergrößern.

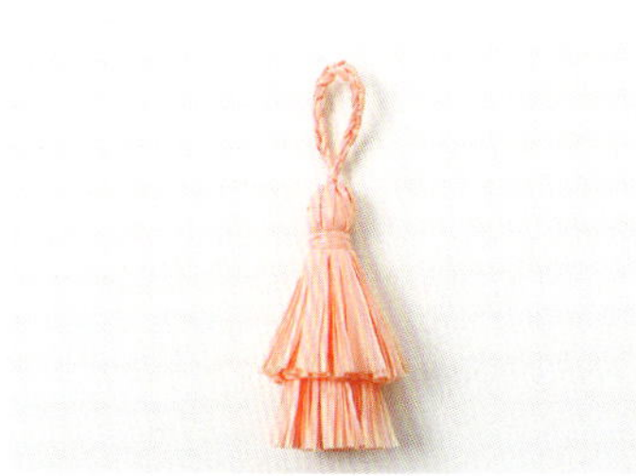

12 Fertige Doppelquaste.

Fertigstellen

Einzelteile sorgfältig dämpfen

Wenn Sie die Einzelteile nach dem Fertigstellen mit dem heißen Dampfbügeleisen behandeln, behalten sie ihre Form. Üben Sie beim Dämpfen nur leichten Druck mit dem Bügeleisen aus, damit die Maschen nicht plattgedrückt werden.

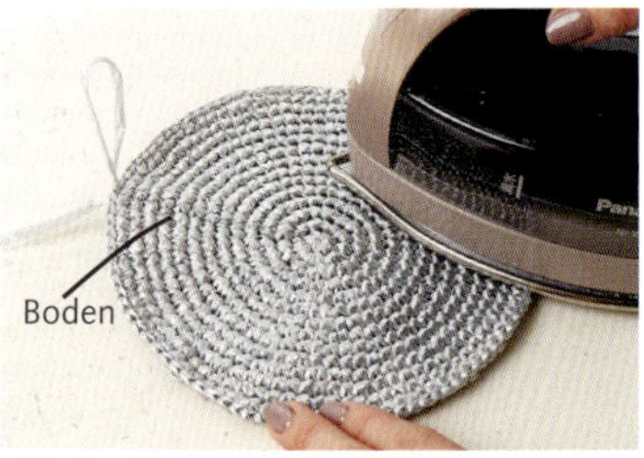

1 Nach dem Fertigstellen des Taschenbodens die Häkelnadel herausziehen und mit leichtem Druck dämpfen.

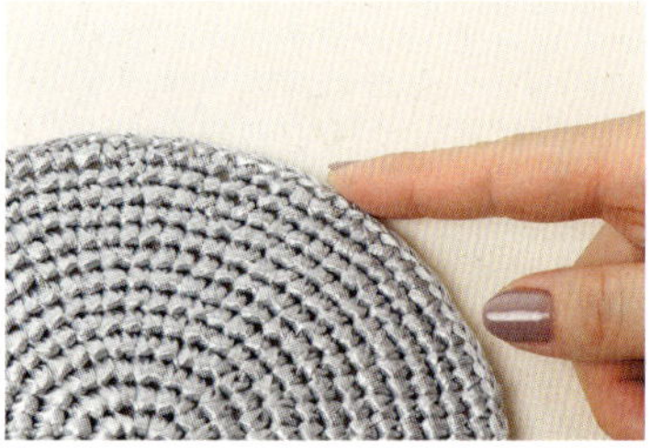

2 Da bei runden Teilen die Maschen z. B. an den Zunahmestellen leicht zusammengedrückt werden, die Arbeit nach dem Dämpfen mit den Fingerspitzen in Form drücken.

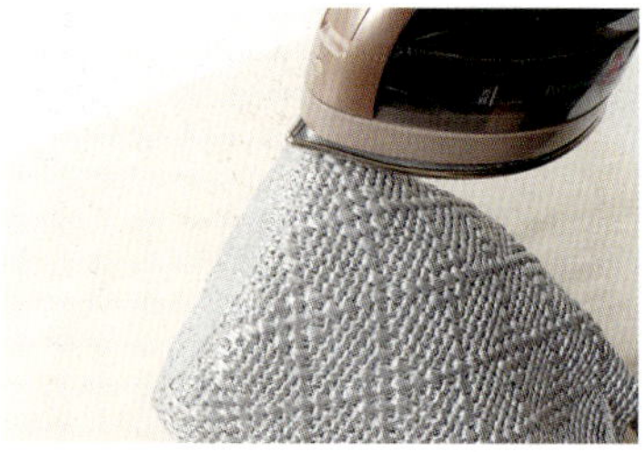

3 Nach dem Fertigstellen der Seitenteile die Tasche mit einem hineingesteckten Handtuch o. Ä. in Form bringen und von außen dämpfen.

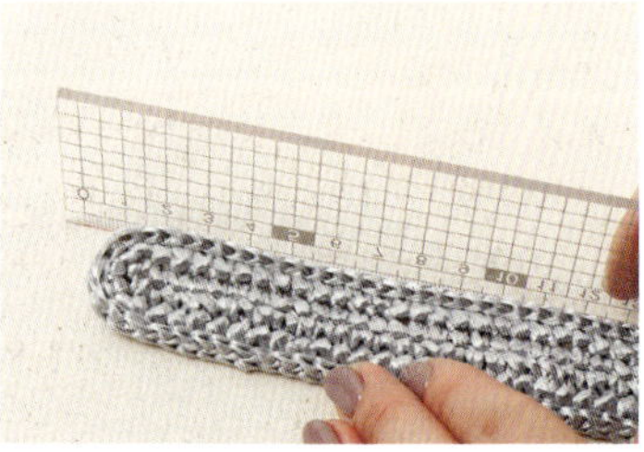

4 Kleinteile wie Griffe, Schnüre etc. flach auslegen und mithilfe eines Lineals geradeziehen. Bei viereckigen Böden die Ecken in Form ziehen.

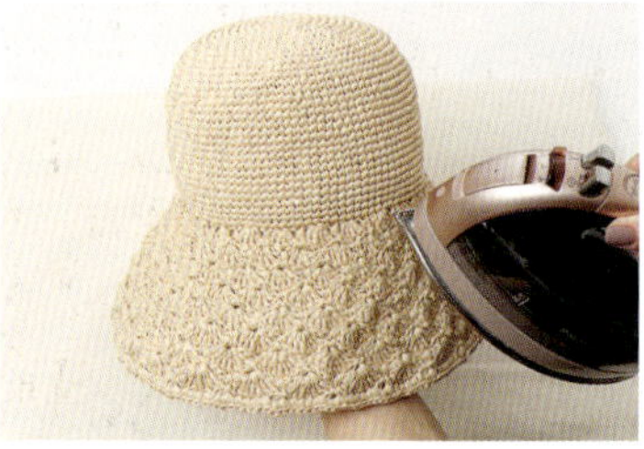

Bei Hüten nach dem Fertigstellen von Oberteil, Krone und Krempe jeweils mit einem Handtuch o. Ä. ausstopfen und von außen dämpfen.

WICHTIG

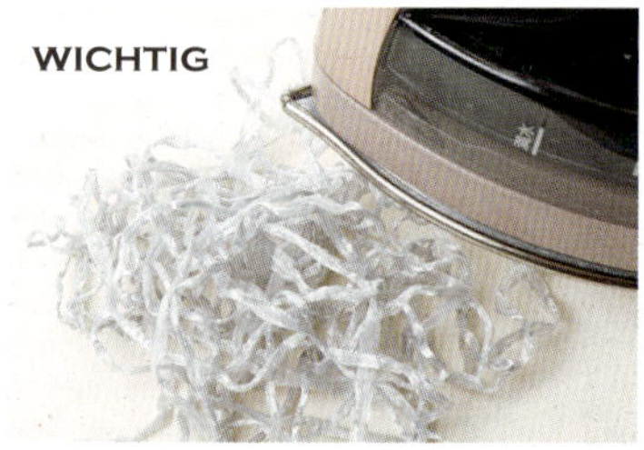

Nach einem Fehler aufgeribbelte Wolle nicht gleich verhäkeln, sondern erst dämpfen. So kann sich das Garn entspannen, lässt sich leichter verarbeiten und ergibt ein schöneres Maschenbild.

Bändchengarn vor dem Häkeln auffächern

Durch das Auffächern von Bändchengarnen (z. B. eco-ANDARIA) entsteht ein besonders gleichmäßiges, schönes Maschenbild.

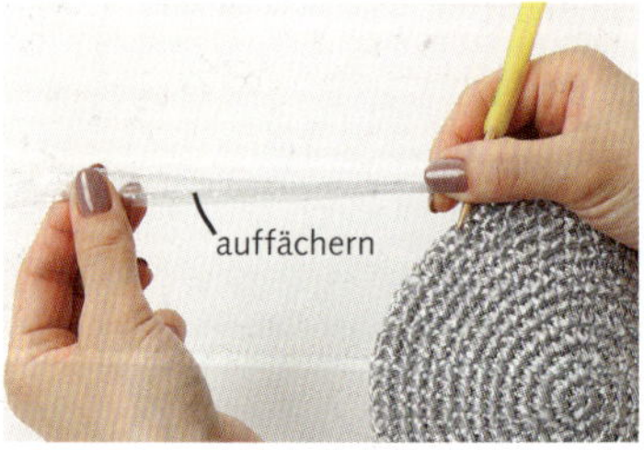

Da Bändchengarne beim Häkeln schmaler werden, den Faden gelegentlich mit den Fingern auffächern.

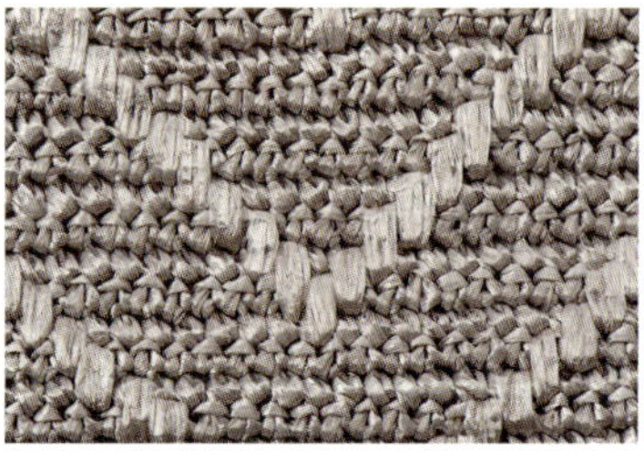

Für die nachträglich aufgestickten Spannstiche vor jedem Stich das Garn ebenfalls auffächern.

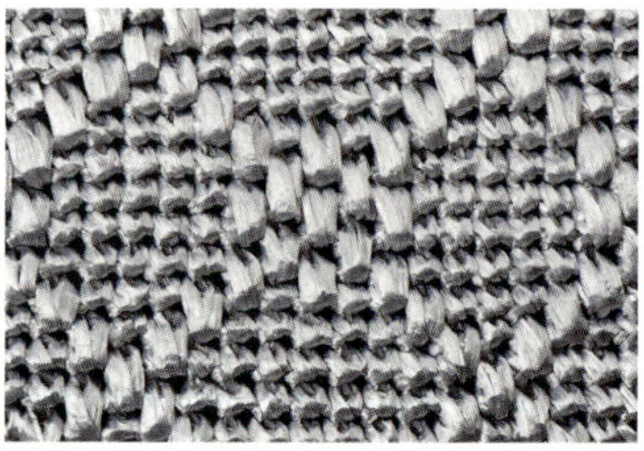

Bei tiefergestochenen Maschen vor jeder Masche das Garn auffächern, damit sie sich gleichförmig von den anderen Maschen abheben.

Anleitungen

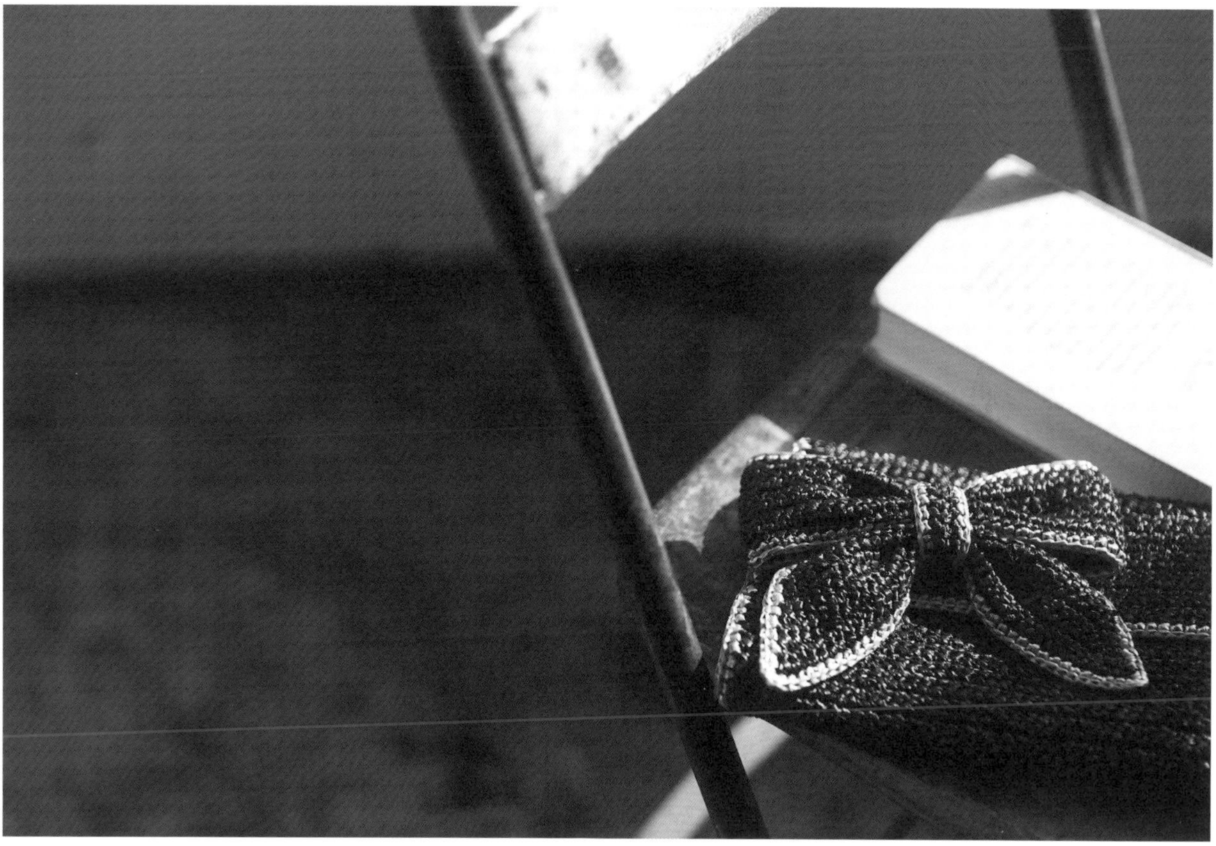

Verwendete Garne

eco-ANDARIA
100 % Viskose, LL 80 m/40 g

eco-ANDARIA Crochet
100 % Viskose, LL 125 m/30 g

Amaito Linen 30
100 % Leinen, LL 50 m/30 g

Emperor
100 % Viskose, LL 170 m/25 g

Span Glass
77 % Polyester, 23 % Baumwolle
LL 137 m/25 g

❊ Bezugsquellen und alternative Garnempfehlungen finden Sie auf unserer Homepage unter www.stiebner.com/downloads

A • B Seite 1 und 2

Wolle: Hamanaka eco-ANDARIA Beige (23)
A (Schultertasche): 100 g
B (Reißverschlusstäschchen): 35 g
Nadeln: Häkelnadel Nr. 3
Zubehör: **B**: Reißverschluss (Länge: 16 cm)
Maschenprobe: 19 M x 10 Rd im Muster = 10 x 9,5 cm
Größe: **A** (Schultertasche): Durchmesser ca. 19 cm, Zwickel 4 cm
B (Reißverschlusstäschchen): Durchmesser ca. 12 cm

A (Schultertasche)
Anleitung
Garn einfädig verarbeiten.

1 Für das Seitenteil einen Fadenring legen und 10 Rd im Muster häkeln, dabei M zunehmen, wie in der Tabelle angegeben. Auf dieselbe Weise ein Gegenstück herstellen.
2 **Lm** für Zwickel und Schultergurt anschl, fM häkeln.
3 Um das Seitenteil eine Häkelkante häkeln, dabei über 73 M den Zwickel links auf links auf das Seitenteil legen und mit festhäkeln. Zweites Seitenteil ebenso am Zwickel befestigen.
4 Schultergurt an den Zwickel nähen.
5 Knopfschlaufe an die angegebene Stelle häkeln, Knopf häkeln und befestigen.

Seitenteil (2x) (Muster)

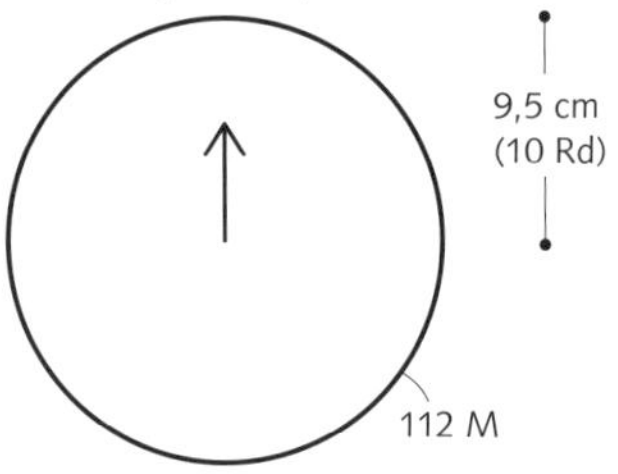

A (Schultertasche) **Seitenteil und Häkelkante**

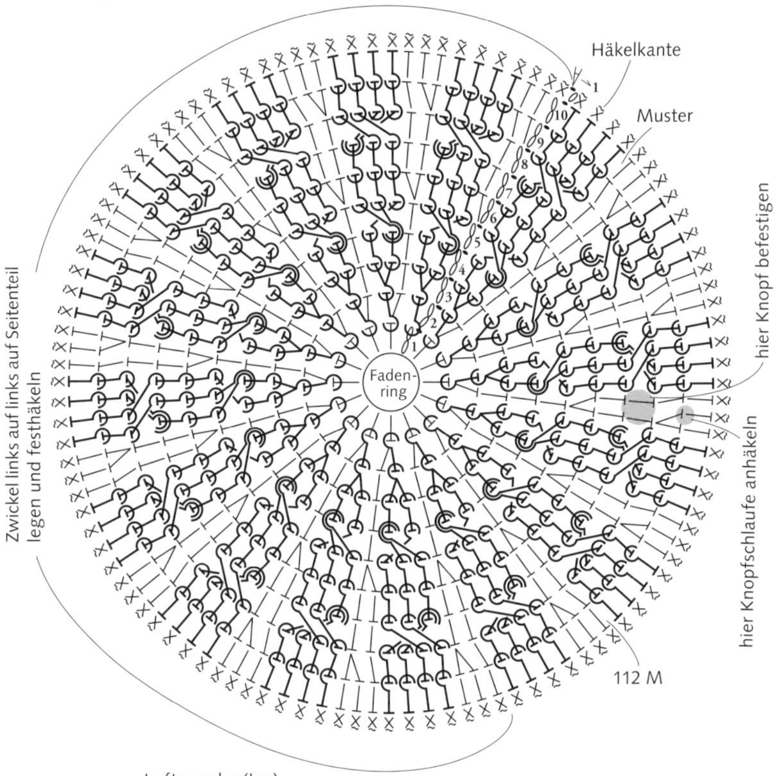

Seitenteile: Maschenzahl und Zunahmen

Rd	M-Zahl	Zunahmen
10	112	keine Zun
9	112	in jeder Rd 16 M zun
8	96	
7	80	keine Zun
6	80	in jeder Rd 16 M zun
5	64	
4	48	keine Zun
3	48	in jeder Rd 16 M zun
2	32	
1	16 M in Fadenring	

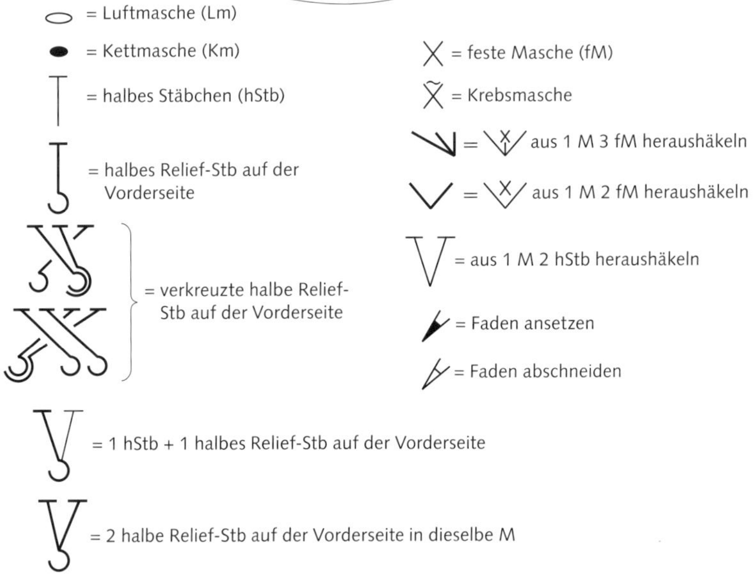

Zwickel (feste Maschen)

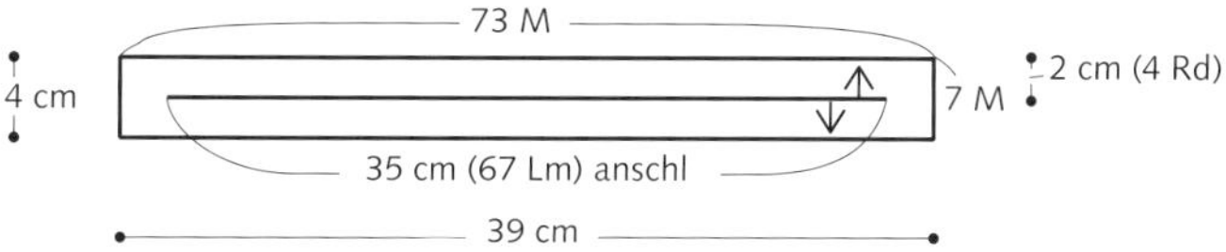

Knopf (feste Maschen)

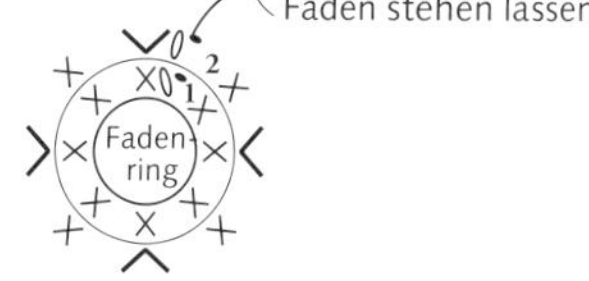

❈ Fadenende in Wollnadel fädeln, durch die 12 M der letzten Rd führen und zuziehen.

Knopfschlaufe (feste Maschen)

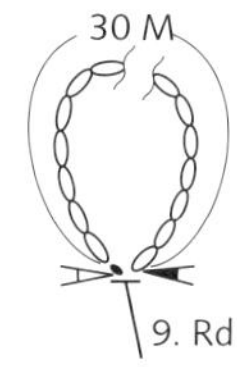

Häkeldiagramm Zwickel (feste Maschen)

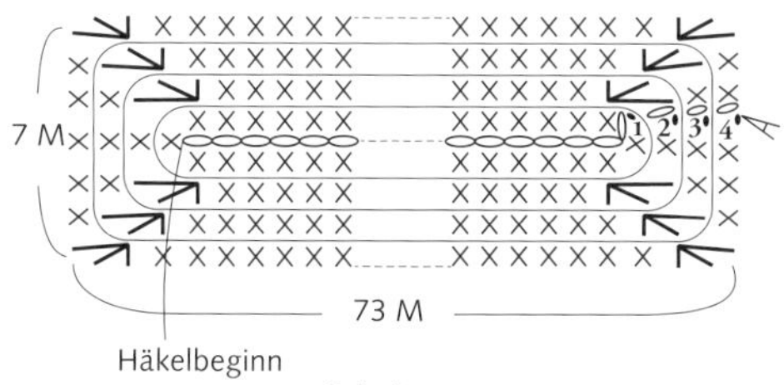

Schultergurt (feste Maschen)

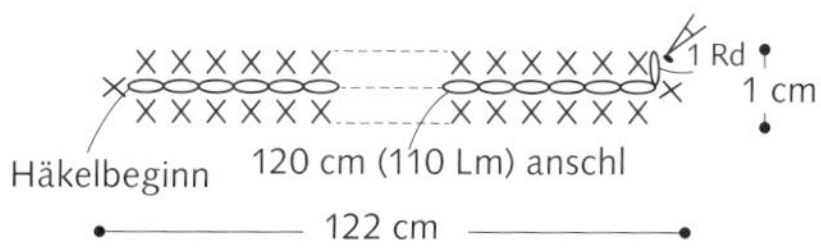

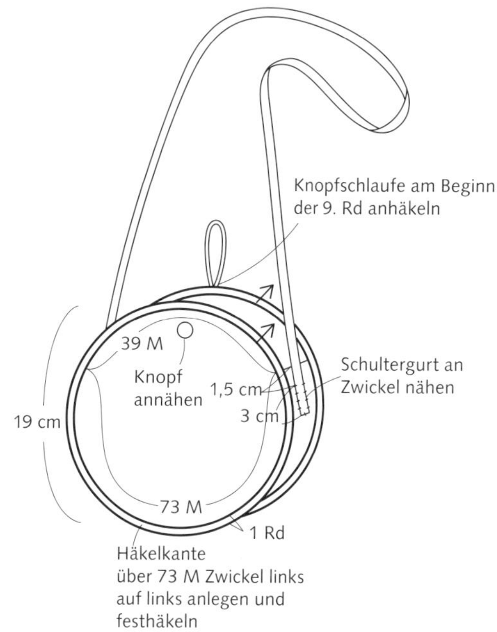

B (Reißverschlusstäschchen)
Anleitung
Garn einfädig verarbeiten.

1 Für das Seitenteil Fadenring legen umd 6 Rd im Muster, dann 1 Rd fM häkeln. Auf dieselbe Weise ein Gegenstück herstellen.
2 Seitenteile links auf links aufeinanderlegen und über 47 M überwendlich zusammennähen.
3 Reißverschluss in die Öffnung nähen.

Seitenteil (2x)

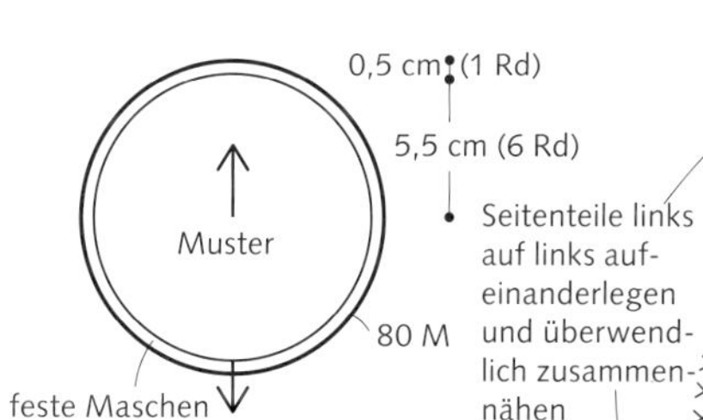

B (Reißverschlusstäschchen) Seitenteil

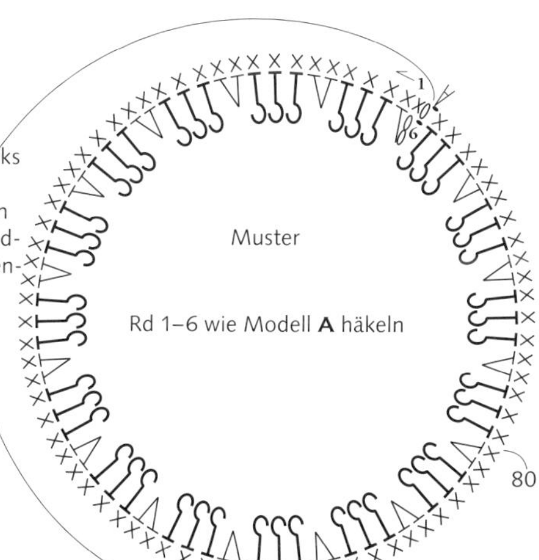

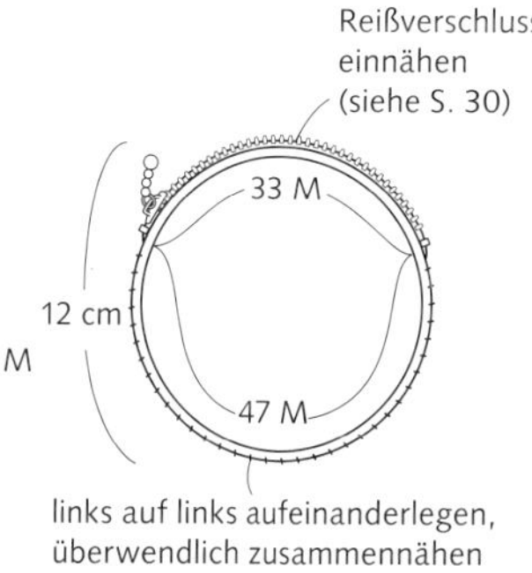

C Seite 4 und 5

Wolle: Hamanaka eco-ANDARIA
Rosé-Silber (173), 100 g
Nadeln: Häkelnadel Nr. 3
Zubehör: 1 runder Magnetverschluss (14 mm), schwarzmetallic (Hamanaka: H206-043-2)
2 D-Ringe, Breite innen 1,2 cm
2 Karabinerhaken, Länge 2,2 cm
Kette, Breite: 0,5 cm , Länge: 1 m
Maschenprobe: 18 M x 18 R fM = 10 x 10 cm
Größe: Breite: 26 cm, Höhe: 14,5 cm

Anleitung

Garn einfädig verarbeiten.

1. Für den Taschenkörper 1 Lm anschl, nach der Häkelschrift mit fM weiterhäkeln. Nach Häkelende die Arbeit in Form ziehen und das Muster im Spannstich aufsticken.
2. Für den Zwickel 9 Lm anschl und fM häkeln.
3. Um Vorderteil, Boden und Rückenteil eine Häkelkante häkeln, dabei den Zwickel links auf links anlegen und festhäkeln.
4. Für die Magnetverschluss-Unterlage einen Fadenring legen und fM häkeln.
5. Magnetverschluss-Oberteil an der Unterlage befestigen, Unterlage an der Innenseite des Deckels festnähen, Magnetverschluss-Unterteil an der Außenseite des Vorderteils befestigen.
6. D-Ringe annähen, Karabinerhaken an beiden Seiten der Kette befestigen und in die D-Ringe einhängen.

Häkelarbeit
(feste Maschen)

❈ Muster hinterher aufsticken.

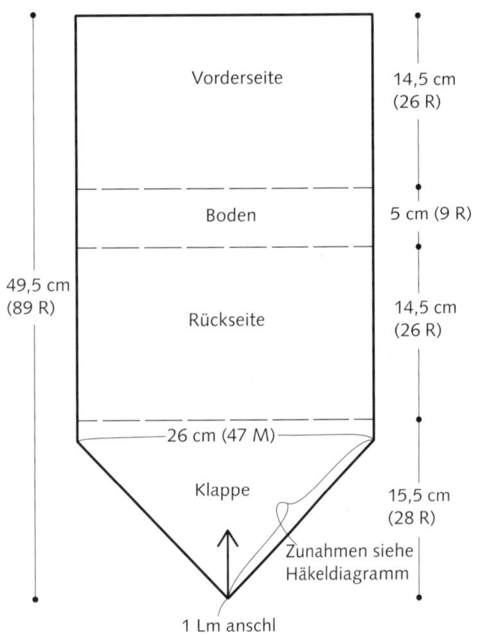

Zwickel (2x)
(feste Maschen)

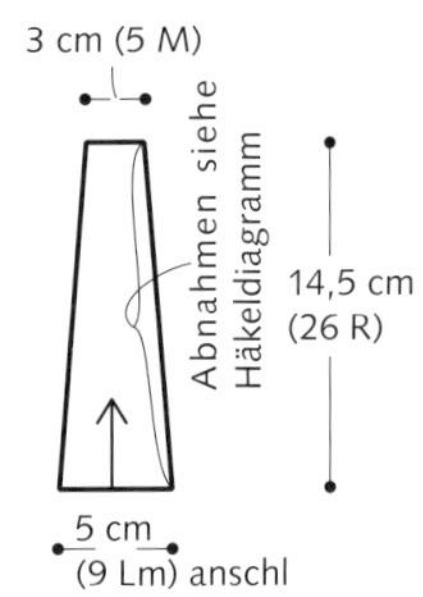

Anleitung Zwickel
(feste Maschen)

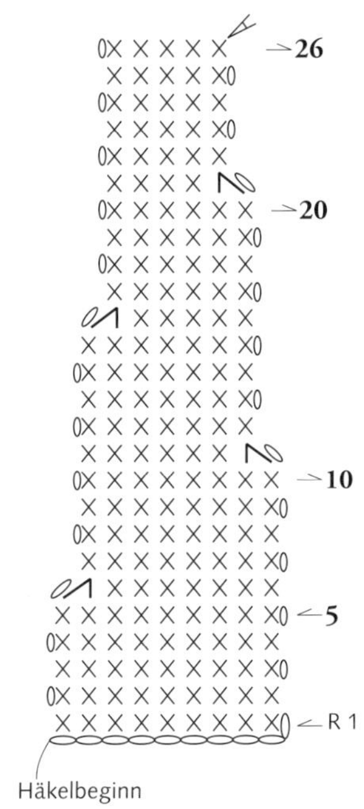

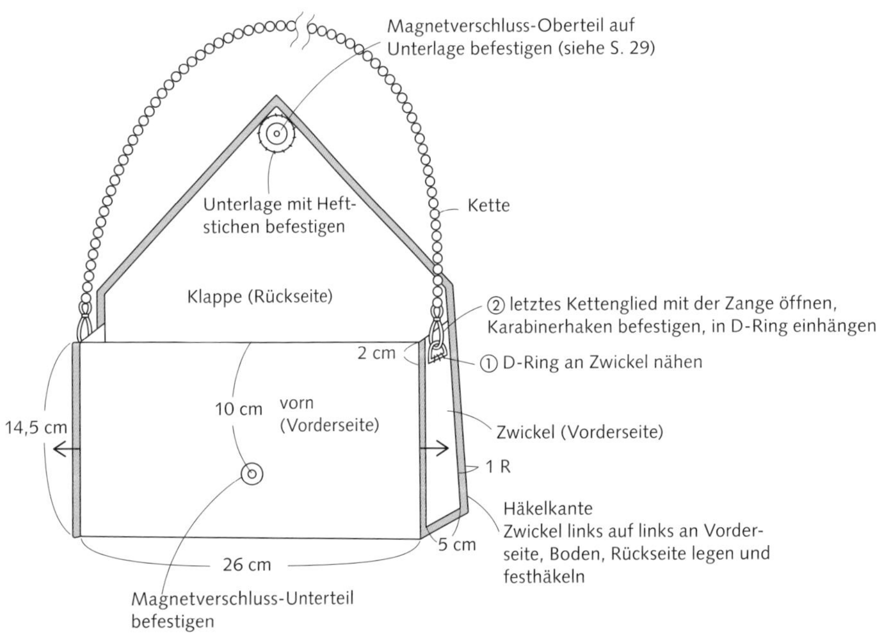

Unterlage
(feste Maschen)

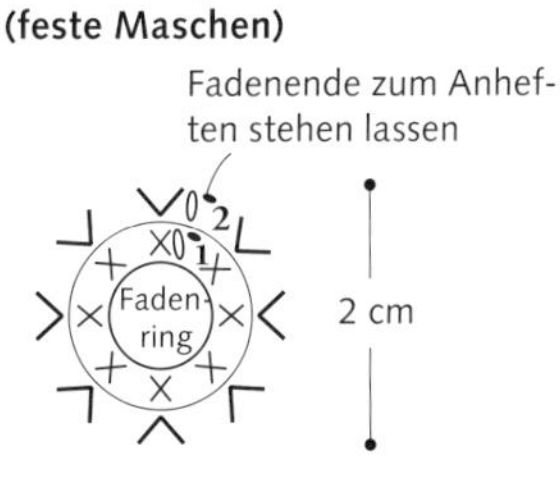

Taschenkörper (Häkeldiagramm und Stickvorlage)

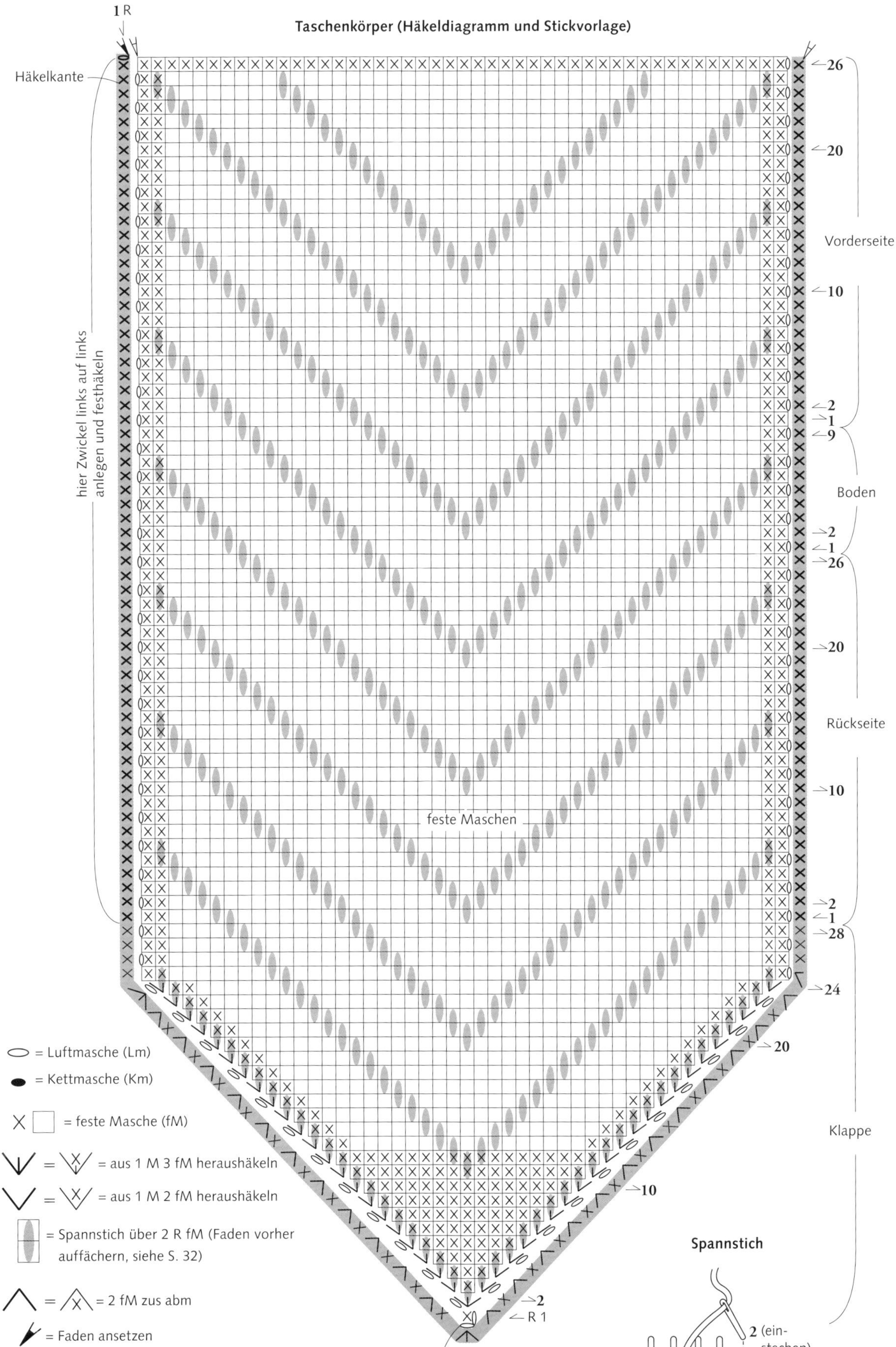

= Luftmasche (Lm)

= Kettmasche (Km)

X ☐ = feste Masche (fM)

= aus 1 M 3 fM heraushäkeln

= aus 1 M 2 fM heraushäkeln

= Spannstich über 2 R fM (Faden vorher auffächern, siehe S. 32)

= 2 fM zus abm

= Faden ansetzen

= Faden abschneiden

Spannstich

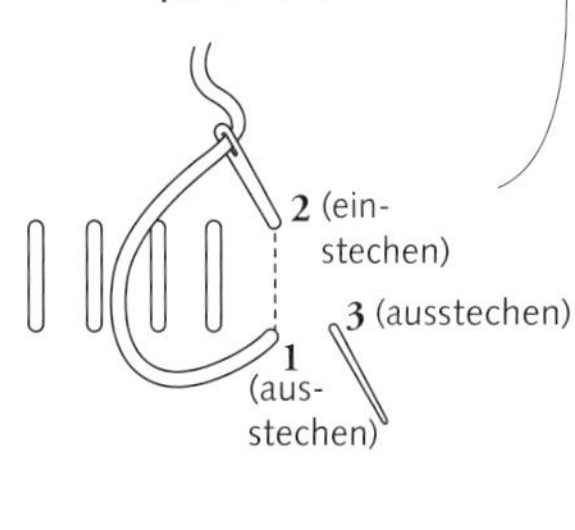

D Seite 6 und 7

Wolle: Hamanaka eco-ANDARIA Beige (23), 120 g
Hamanaka Span Glass Beige (2), 15 g
Nadeln: Häkelnadel Nr. 3
Zubehör: Dekorationsfaden, Stärke 0,7 mm
Schrumpfschlauch, 5 cm
Maschenprobe: feste Maschen: 19 M x 20 Rd = 10 x 10 cm
Muster: 1 Rapport (4 Rd) = 3 cm
Größe: Kopfumfang 59 cm, Höhe 17 cm

Anleitung

Die geraden Rd der Krempe werden zweifädig in Paillettengarn, die übrigen einfädig in eco-ANDARIA gearbeitet. Die Kordel aus je 2 Fäden eco-ANDARIA und Paillettengarn häkeln.

1. Für das Kopfteil einen Fadenring legen, 8 fM häkeln, ab der 2. Rd 34 Rd fM ohne Hebe-Lm häkeln, dabei gemäß Häkelschrift M zunehmen.
2. Im Anschluss für die Krempe 17 Rd im Muster häkeln, dabei in der 1. Rd nur in die vorderen Maschenglieder der 34. Kopfteil-Rd einstechen. In der letzten Rd den Dekorationsfaden mit einhäkeln.
3. Kordel häkeln und zweimal um das Kopfteil wickeln. In der 1. Umwicklung die Kordel an 3 gleichmäßig verteilten Stellen in der 1. Krempe-Rd hinter einem Maschenfuß vorbeiführen. Mit einem Kreuzknoten fixieren, Schnurenden mit je einem einfachen Knoten sichern.

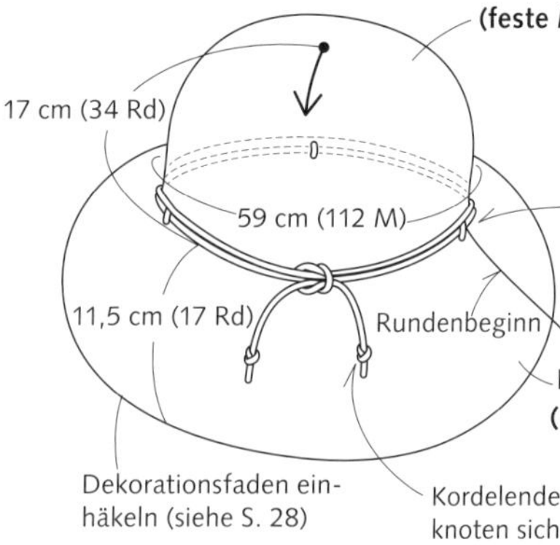

Kordel (einfach)

✻ Aus je 2 Fäden eco-ANDARIA und Paillettengarn häkeln.

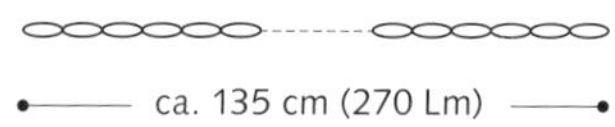

Kreuzknoten

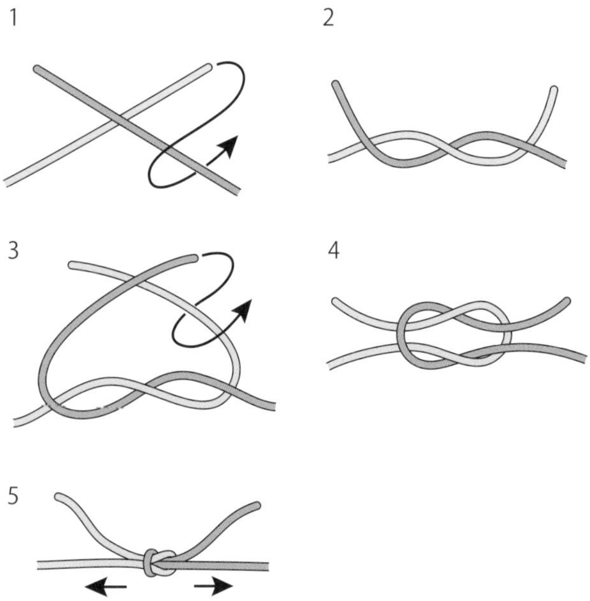

○ = Luftmasche (Lm)

X = feste Masche (fM)

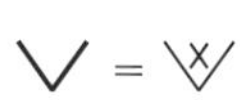 = aus 1 M 2 fM heraushäkeln

 = aus 1 M 3 fM heraushäkeln

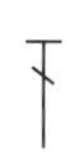 = Stäbchen (Stb)

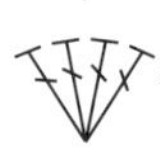 = aus 1 M 4 Stb heraushäkeln (ähnliches Symbol mit mehr Stb = aus 1 M entsprechende Stb-Anzahl heraushäkeln)

● = Kettmasche (Km)

❊ Gerade Rd der Krempe zweifädig in Paillettengarn, die übrigen einfädig in eco-ANDARIA häkeln.

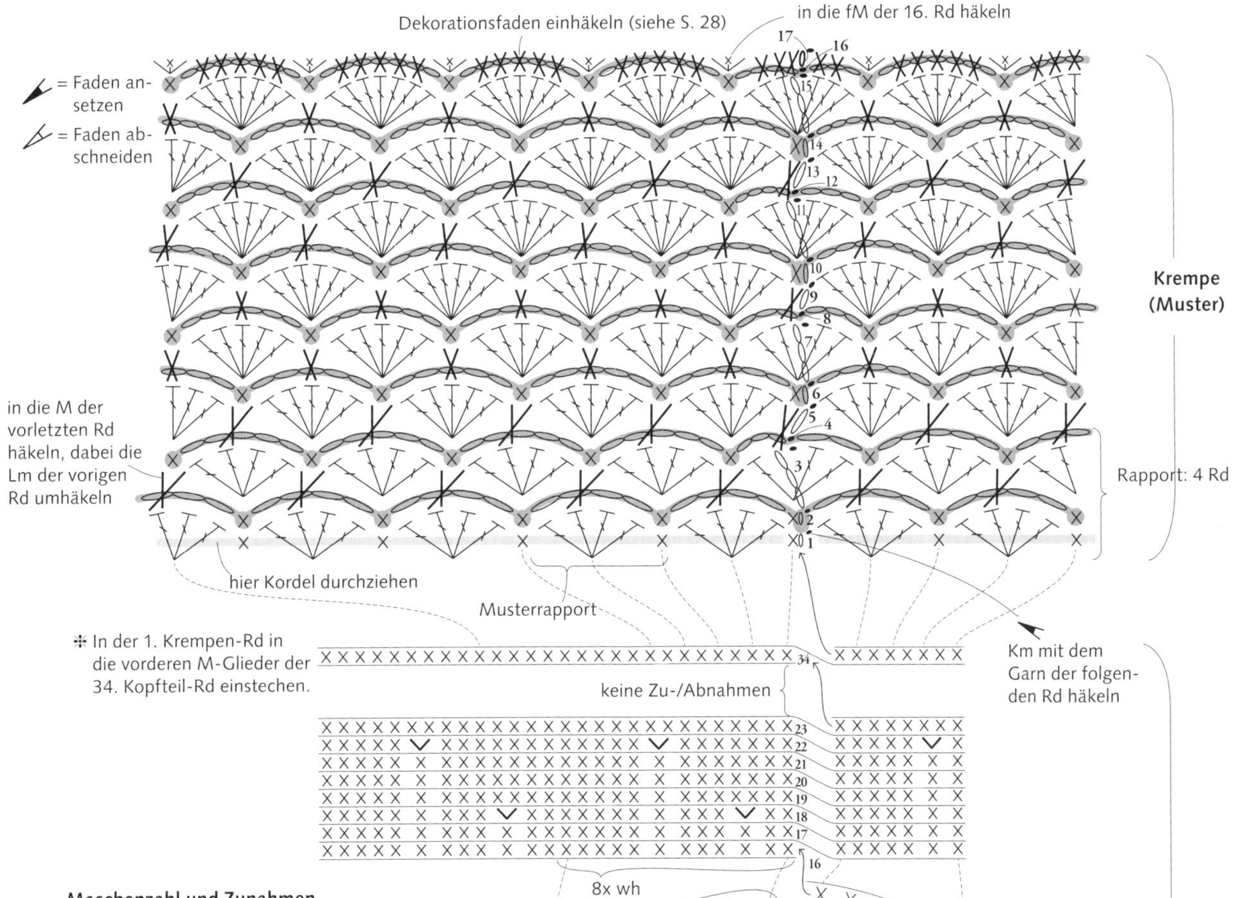

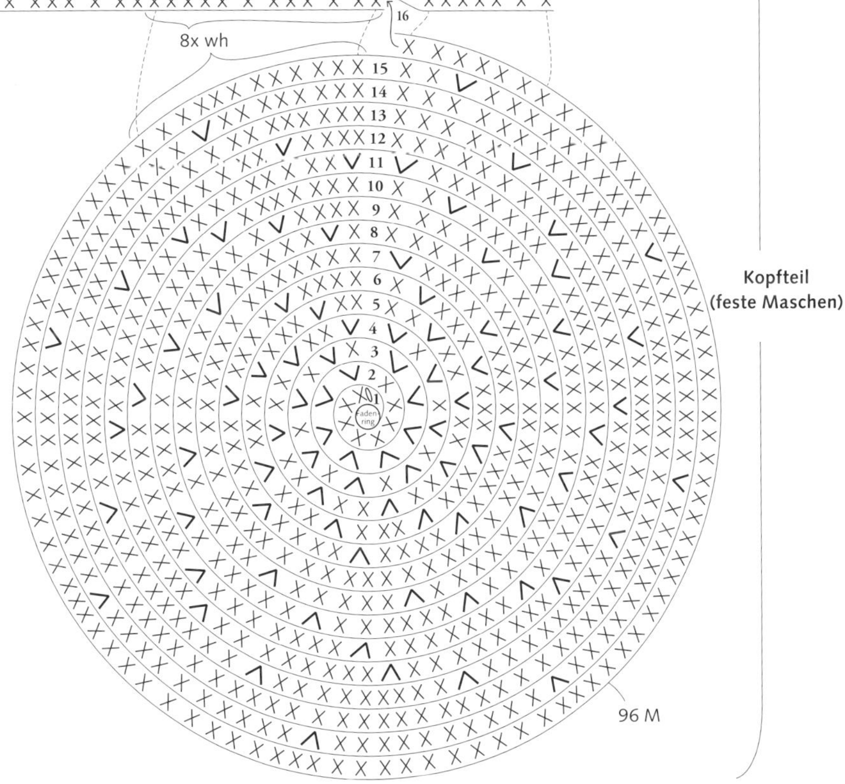

Maschenzahl und Zunahmen

d	M-Zahl	Zunahmen
–17	28 Musterrapporte	
3–34	112	keine Zun
2	112	8 M zun
9–21	104	keine Zun
8	104	8 M zun
5–17	96	keine Zun
4	96	8 M zun
3	88	keine Zun
2	88	in jeder Rd 8 M zun
1	80	
0	72	
	64	
	56	
	48	keine Zun
	48	in jeder Rd 8 M zun
	40	
	32	
	24	
	16	
	8 M in Fadenring	

E Seite 6

Wolle: Hamanaka eco-ANDARIA Beige (23), 145 g
Nadeln: Häkelnadel Nr, 3, Nr. 4
Maschenprobe: halbe Stäbchen: 19 M x 10 Rd = 10 x 10 cm
Muster: 25 M = 13 cm, 4 Rd (1 Rapport) = 4 cm
feste Maschen: 19 M = 10 cm, 18 Rd = 9,5 cm
Größe: siehe Diagramm

Anleitung

Die Kordel wird zweifädig mit Häkelnadel Nr. 4 gehäkelt, alle anderen Teile einfädig mit Häkelnadel Nr. 3.

1 Für den Boden 55 Lm anschl und in Rd fM häkeln, dabei gemäß Häkelschrift M zunehmen.
2 Im Anschluss für die Seitenteile hStb und Muster-M in Rd in die fM häkeln.
3 Faden ansetzen wie im Diagramm angegeben und Teil ① der Oberkante in Hin- und Rück-R fM häkeln, dabei M abn. Im Anschluss mit fM die Henkelschlaufe häkeln, Faden abschneiden. Auf dieselbe Weise den Faden erneut ansetzen wie im Diagramm angegeben und Teil ② der Oberkante und Henkelschlaufe häkeln. Im Anschluss eine Rd fM als Häkelkante anhäkeln.
4 Als Henkel eine dünne Kordel von 85 cm Länge häkeln und zum Kreis schließen.
5 Henkelschlaufen über den Kordelring nach innen klappen und festnähen.

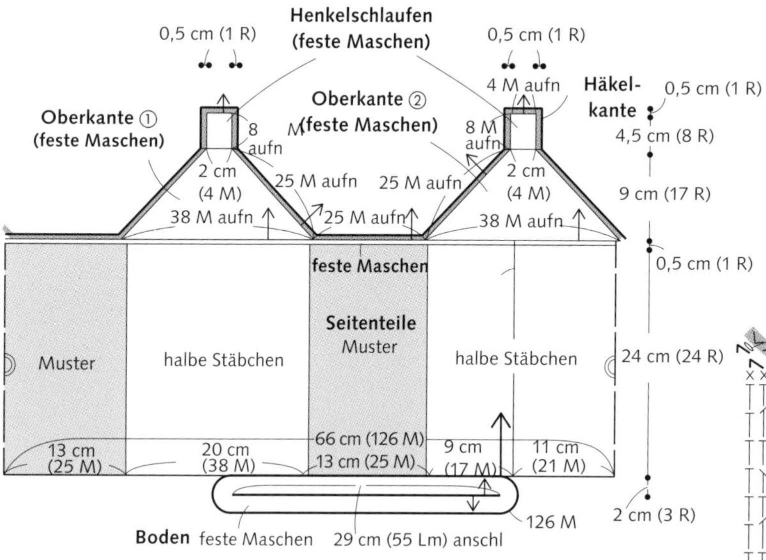

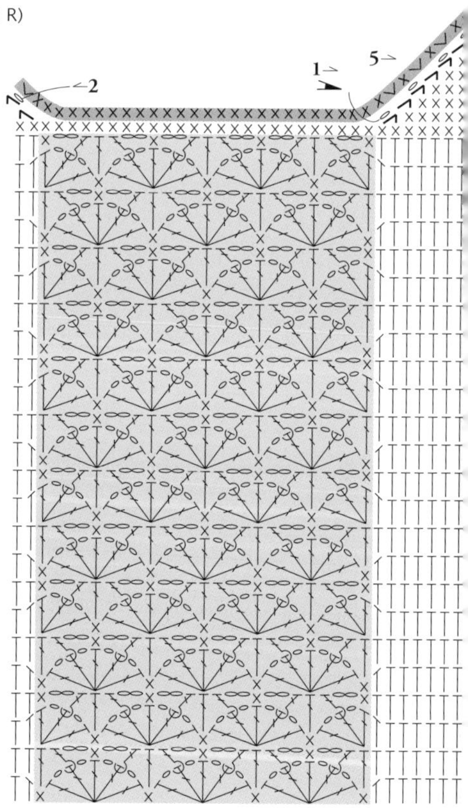

○ = Luftmasche (Lm)
X = feste Masche (fM)
V = aus 1 M 2 fM heraushäkeln
T = halbes Stäbchen (hStb)
= Stäbchen (Stb)
= Relief-Stb auf der Vorderseite
= Faden ansetzen
= Faden abschneiden
Λ = 2 fM zus abm
● = Kettmasche (Km)

Kordel

dünne Kordel (siehe S. 79), zweifädig, Häkelnadel Nr. 4

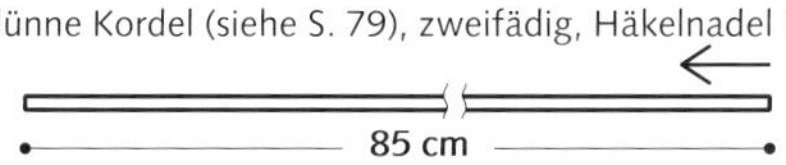

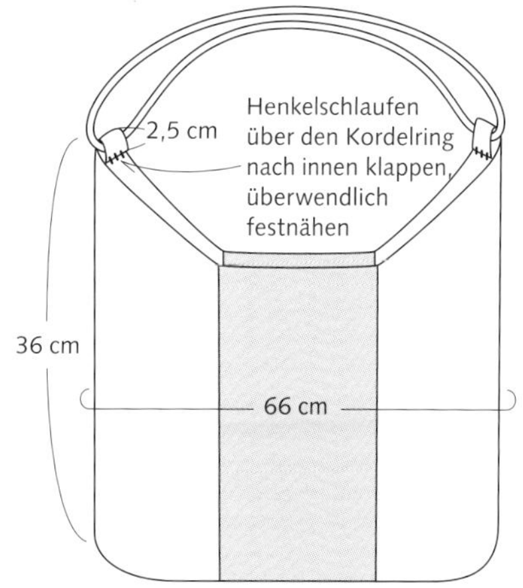

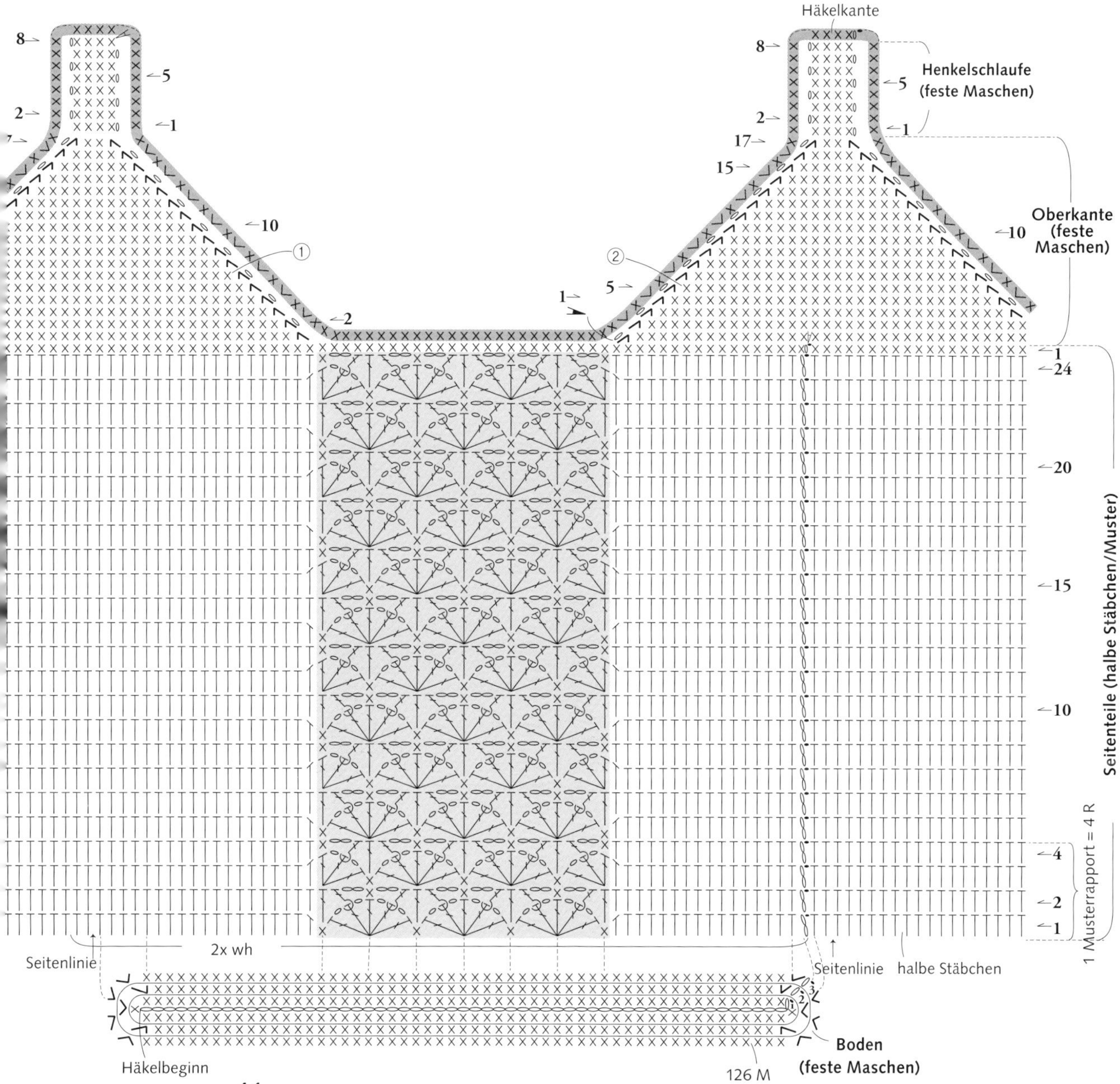

Wolle: Hamanaka eco-ANDARIA Marine (57), 100 g; Gold (172), 80 g; Rot (7), 65 g
Nadeln: Häkelnadel Nr. 3
Maschenprobe: feste Maschen (mit Verstärkungsfaden): 19,5 M x 15,5 Rd = 10 x 10 cm
Größe: Breite 38 cm, Höhe 29 cm

Anleitung

Garn einfädig nach dem Farbmuster im Diagramm verarbeiten.

1 Für den Boden 40 Lm anschl und in Rd fM häkeln wie in der Häkelschrift angegeben, dabei Verstärkungsfaden mitlaufen lassen und M zunehmen.
2 Für das Seitenteil mit fM nach dem Farbschema im Diagramm ohne Zu- und Abnahmen fortfahren, dabei ebenfalls einen Verstärkungsfaden mitlaufen lassen. In der 43. Rd die Henkelöffnungen einarbeiten (siehe Diagramm).
3 Für die Henkel Lm anschl und von beiden Seiten mit fM umhäkeln. Durch die Henkelöffnungen führen und festnähen.

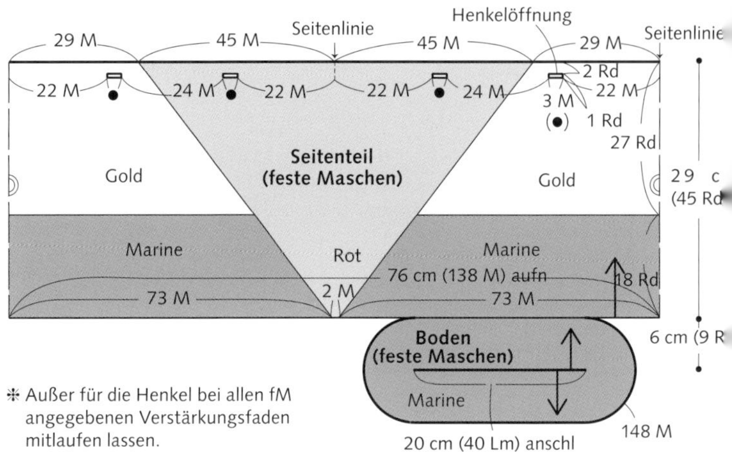

✻ Außer für die Henkel bei allen fM angegebenen Verstärkungsfaden mitlaufen lassen.

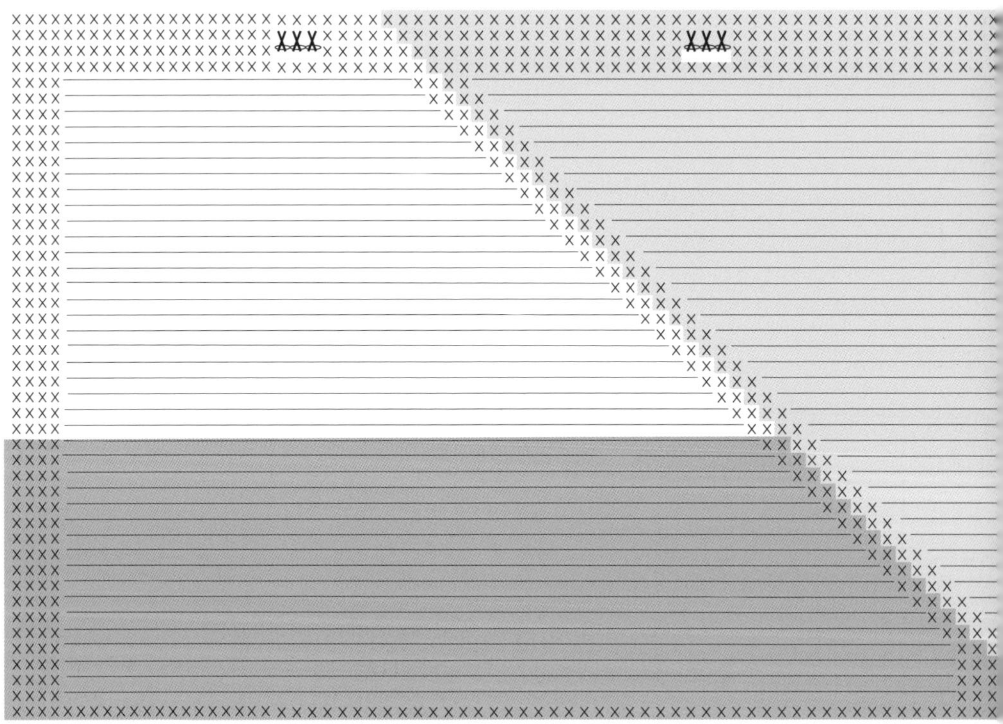

○ = Luftmasche (Lm)
X = feste Masche (fM)
V = aus 1 M 2 fM heraushäkeln
} Verstärkungsfaden mitlaufen lassen
● = Kettmasche (Km)

■ = Marine
■ = Rot
□ = Gold
} angegebenen Verstärkungsfaden mitlaufen lassen

Boden: Maschenzahl und Zunahme

Rd	M-Zahl	Zunahmen
9	148	in jeder Rd 8 M zun
8	140	
7	132	
6	124	
5	116	
4	108	
3	100	
2	92	
1	auf beiden Seiten der Lm-Kette 84 M aufn	

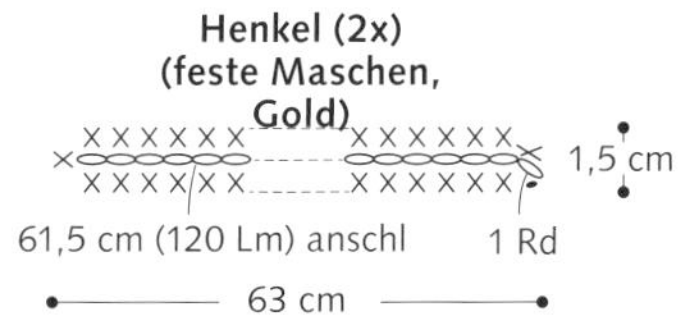
Henkel (2x)
(feste Maschen,
Gold)
1,5 cm
61,5 cm (120 Lm) anschl
1 Rd
63 cm

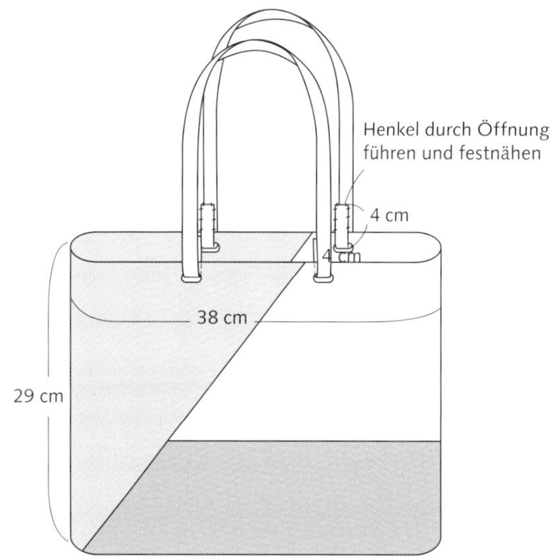
Henkel durch Öffnung
führen und festnähen
4 cm
4 cm
38 cm
29 cm

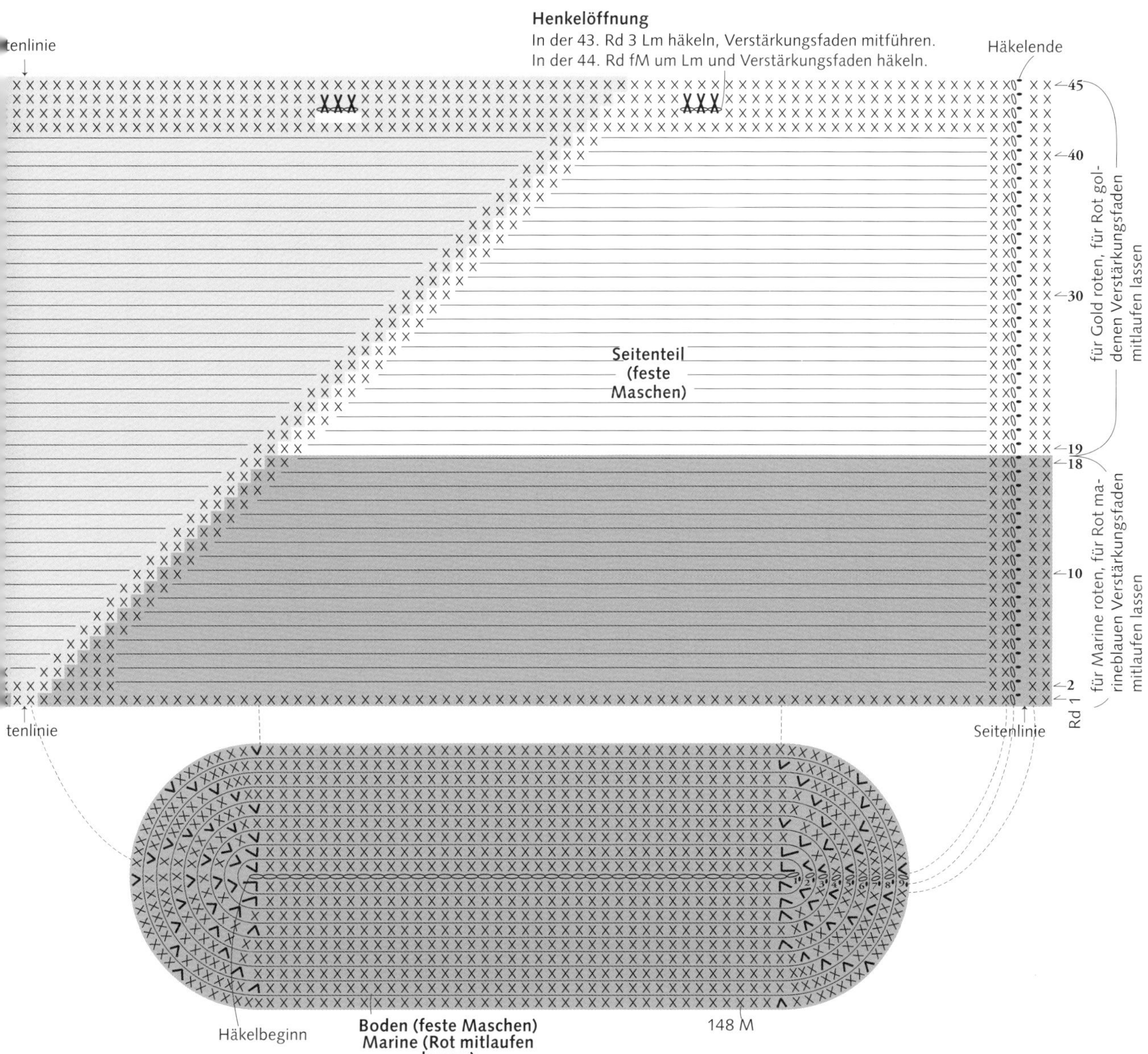
Henkelöffnung
In der 43. Rd 3 Lm häkeln, Verstärkungsfaden mitführen.
In der 44. Rd fM um Lm und Verstärkungsfaden häkeln.
tenlinie
Häkelende
45
40
30
19
18
10
2
Rd 1
für Gold roten, für Rot gol-
denen Verstärkungsfaden
mitlaufen lassen
für Marine roten, für Rot ma-
rineblauen Verstärkungsfaden
mitlaufen lassen
Seitenteil
(feste
Maschen)
tenlinie
Seitenlinie
Häkelbeginn
Boden (feste Maschen)
Marine (Rot mitlaufen
lassen)
148 M

G Seite 9

Wolle: Hamanaka eco-ANDARIA
Marine (57), 140 g
Gold (172), 15 g
Hamanaka Span Glass Schwarz (5), 50 g
Nadeln: Häkelnadel Nr. 3,5
Zubehör: 1 runder Magnetverschluss (14 mm), Gold (Hamanaka: H206-043-1)
Maschenprobe: 17 M x 17 R feste Maschen = 10 x 10 cm
Größe: Breite 29 cm, Höhe 16,5 cm

Anleitung

Garn in der angegebenen Fadenzahl verarbeiten.

1 Für den Taschenkörper 44 Lm anschl und fM häkeln, dabei M zun und abn.
2 Für den Zwickel 23 Lm anschl und nach dem Diagramm fM häkeln.
3 Um den Taschenkörper eine Häkelkante arbeiten, dabei den Zwickel links auf links an Vorder- und Rückseite legen und festhäkeln.
4 Für die Schleifenteile a, b und c Lm anschl und nach der Häkelschrift fM häkeln. Teile zusammensetzen (siehe Diagramm).
5 Schleife an die Klappe nähen.
6 Magnetverschluss befestigen.

Taschenkörper
(feste Maschen)

eco-ANDARIA (Marine) +
Paillettengarn (2-fädig)

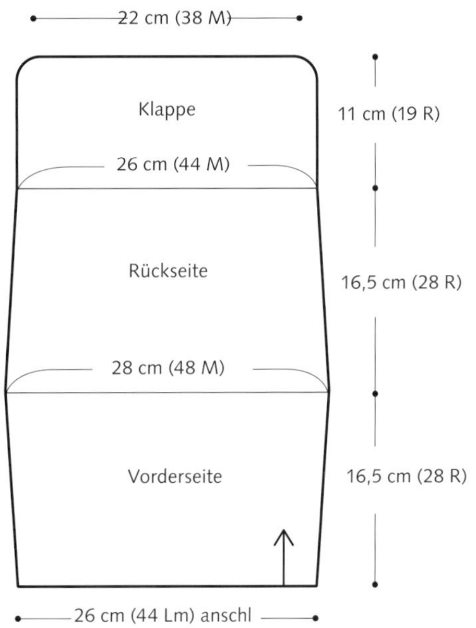

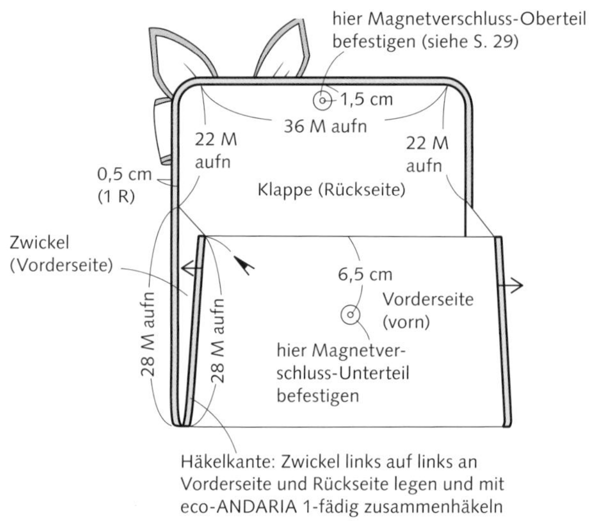

Zwickel (2x)
(feste Maschen)

eco-ANDARIA (Marine) +
Paillettengarn (2-fädig)

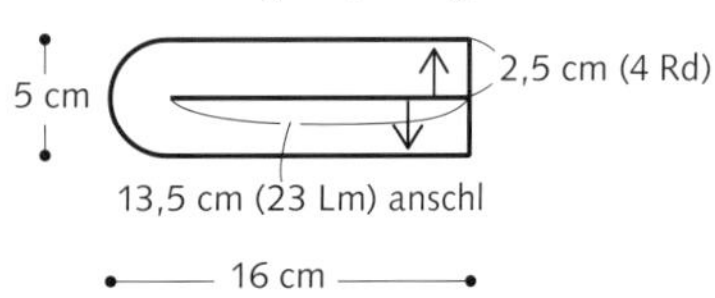

Anleitung Zwickel

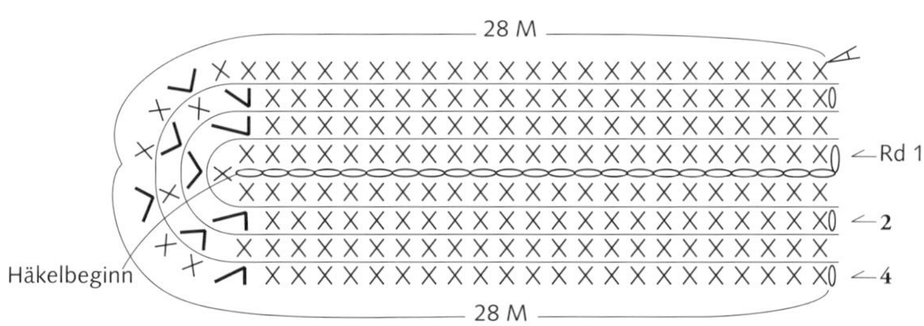

= Luftmasche (Lm)
= feste Masche (fM)
= aus 1 M 2 fM heraushäkeln
= 2 fM zus abm
= Faden ansetzen
= Faden abschneiden
= eco-ANDARIA (Marine) + Paillettengarn (2-fädig)
= eco-ANDARIA (Gold), 1-fädig

Taschenkörper

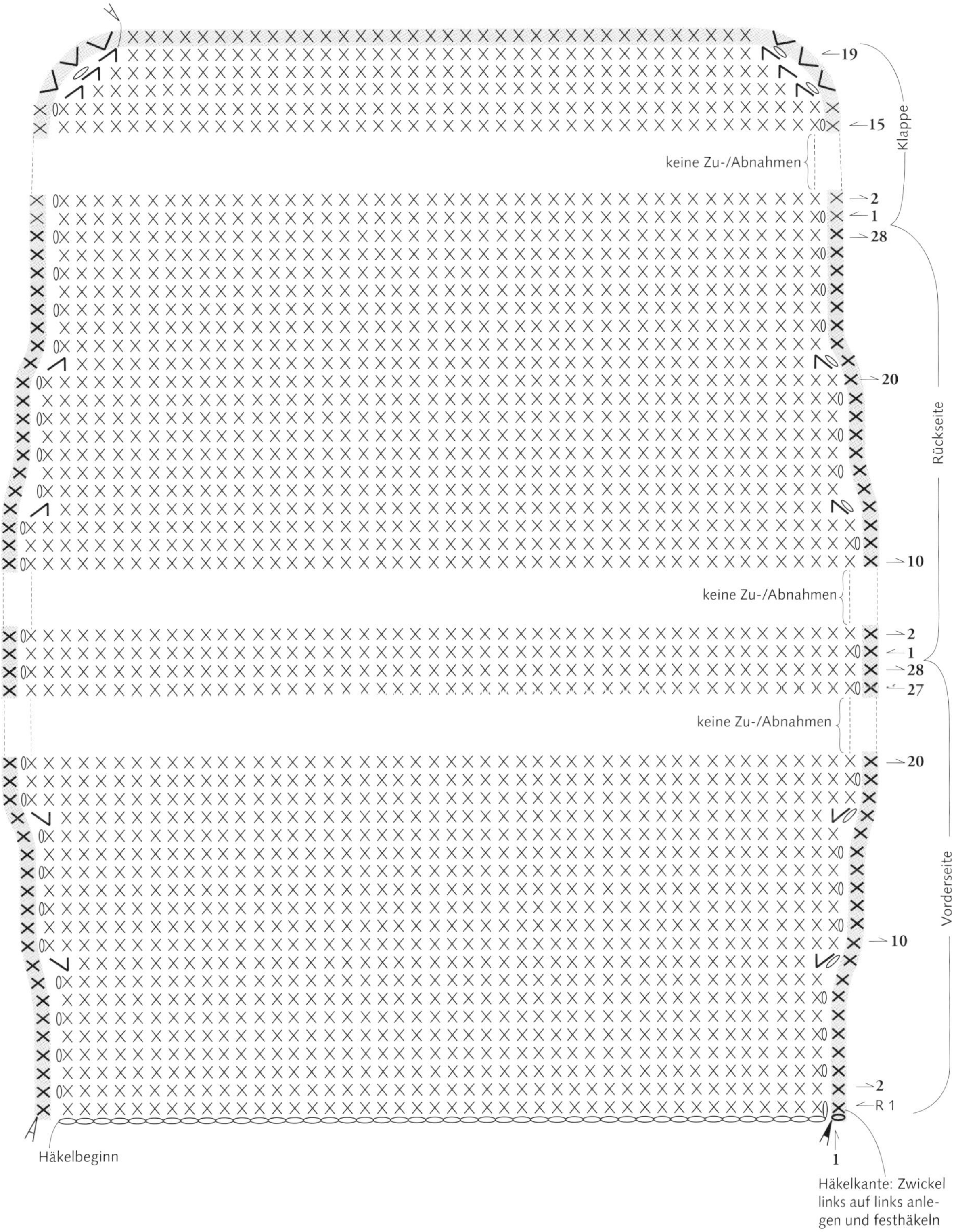

Schleifenteil a
(feste Maschen)

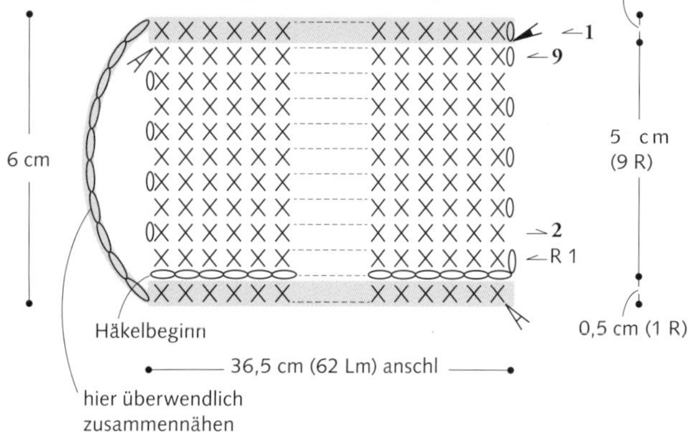

Schleifenteil c
(feste Maschen)

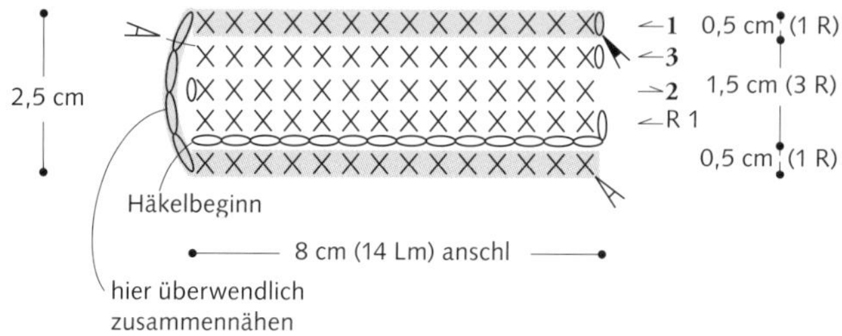

Schleifenteil b
(feste Maschen)

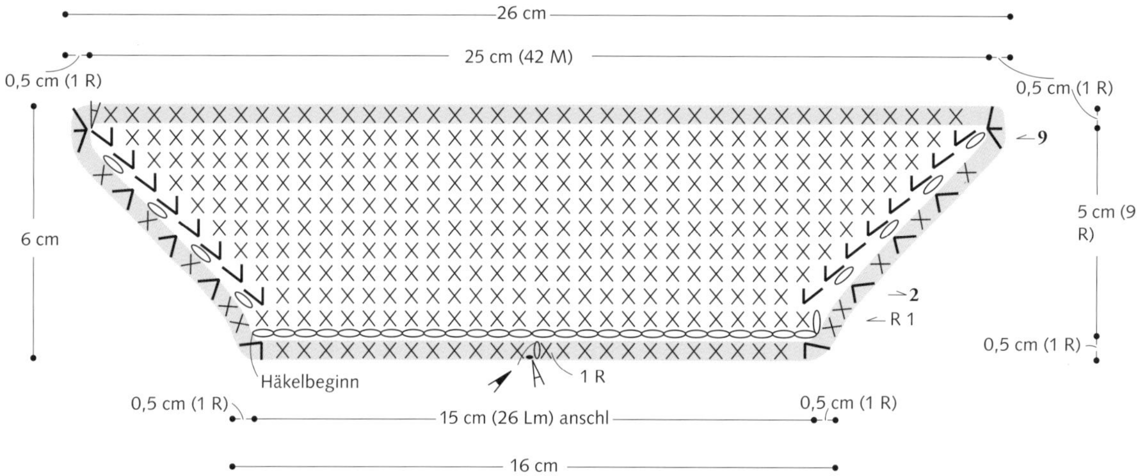

= Luftmasche (Lm)

= feste Masche (fM)

= Kettmasche (Km)

= aus 1 M 2 fM heraushäkeln

= aus 1 M 3 fM heraushäkeln

= eco-ANDARIA (Marine) + Paillettengarn (2-fädig)

= eco-ANDARIA (Gold), 1-fädig

= Faden ansetzen

= Faden abschneiden

Schleife zusammensetzen

① Teil a zur Runde schließen, überwendlich zusammennähen, in der Mitte raffen und mit Nähgarn fixieren.

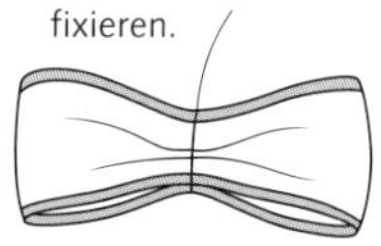

② Teil b mit der Anschlag-R nach oben raffen, mit Nähgarn fixieren.

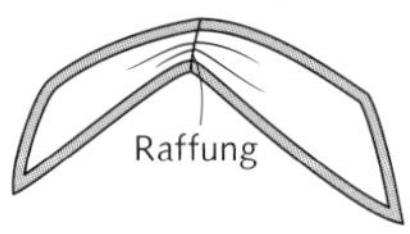

③ Teil b auf Teil a legen, Teil c um die Mitte legen, überwendlich zusammennähen.

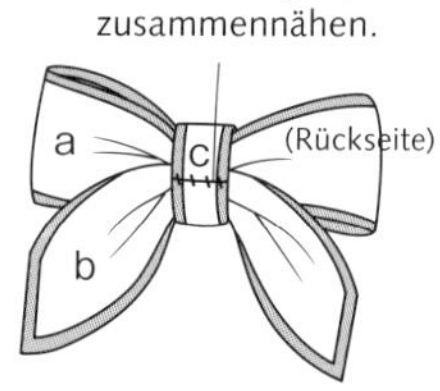

Schleife auf der Innenseite festnähen

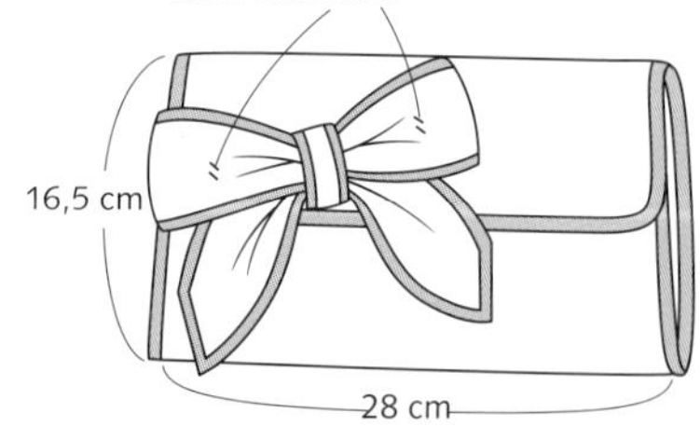

L Seite 13

Wolle: Hamanaka eco-ANDARIA Silber (174), 40 g
Nadeln: Häkelnadel Nr. 3
Zubehör: Reißverschluss mit Kugelschieber, Länge 16 cm
Maschenprobe: 19 M x 20 Rd im Muster = 10 x 10 cm
Größe: Breite 16 cm, Höhe 11,5 cm

Anleitung

Garn einfädig verarbeiten.

1. 30 Lm anschl, auf beiden Seiten der Lm-Kette fM in die Lm häkeln, dann 23 Rd im Muster häkeln.
2. Reißverschluss an der Öffnung befestigen.
3. Quaste herstellen. Die runde Öse am Reißverschluss belassen, den Rest mit einer Zange entfernen und die Quaste befestigen.

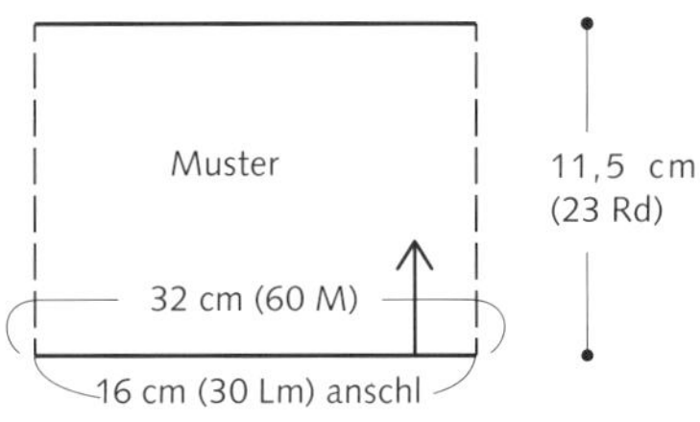

Quaste

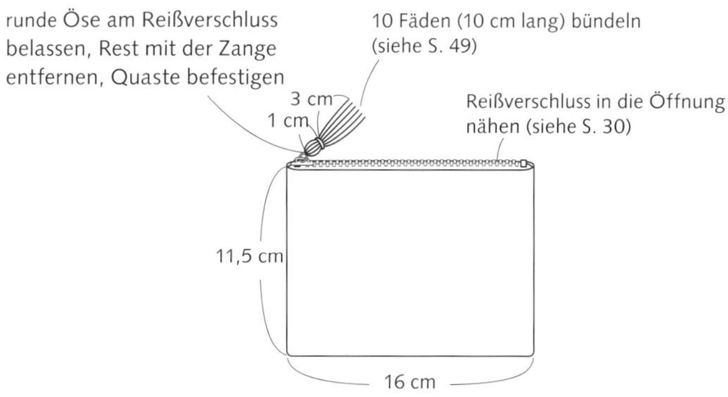

Muster

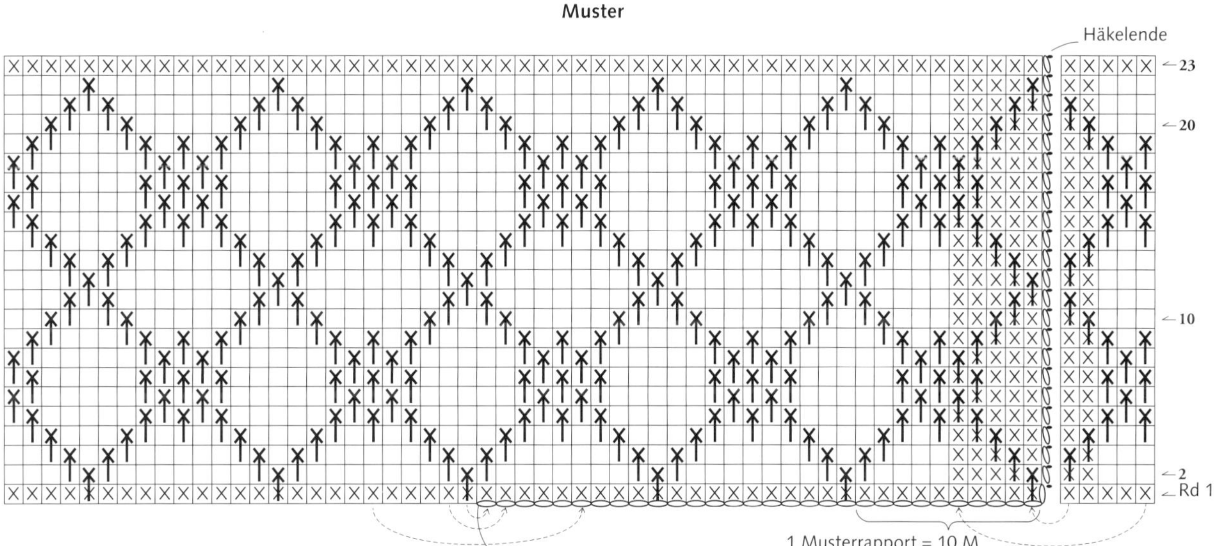

⬭ = Luftmasche (Lm)

X □ = feste Masche (fM)

● = Kettmasche (Km)

= fM in die M der vorletzten Rd
✻ Faden vor dem Häkeln auffächern (siehe S. 32).

K Seite 12

Wolle: Hamanaka eco-ANDARIA Silber (174), 170 g
Nadeln: Häkelnadel Nr. 3
Maschenprobe: feste Maschen: 19 M x 17,5 Rd = 10 x 10 cm
Muster: 19 M x 20 Rd = 10 x 10 cm
Größe: Bodendurchmesser 16 cm, Höhe 23,5 cm

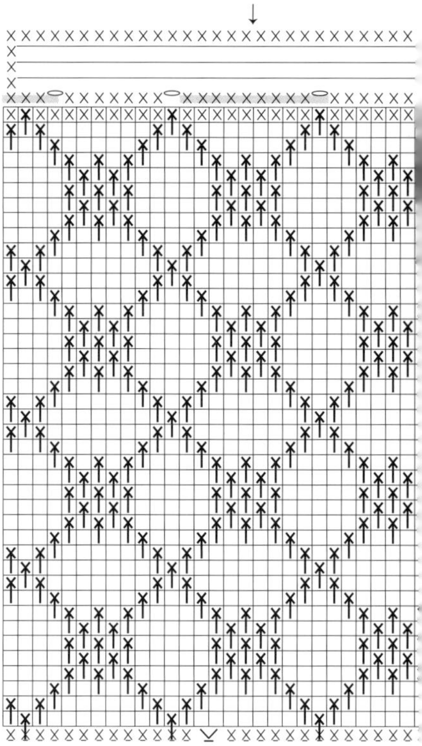

Anleitung

Garn einfädig verarbeiten.

1 Für den Boden einen Fadenring legen, 14 Rd fM häkeln, dabei M zunehmen.
2 Im Anschluss das Seitenteil über 42 Rd im Muster häkeln.
3 Für die Oberkante fM häkeln, dabei in der 1. Rd die Löcher zum Durchziehen der Kordel einarbeiten.
4 Für die Henkel Lm anschl, fM und Km häkeln und an der Seitenlinie festnähen.
5 Kordel, Kordelstopper und Quaste herstellen und befestigen.

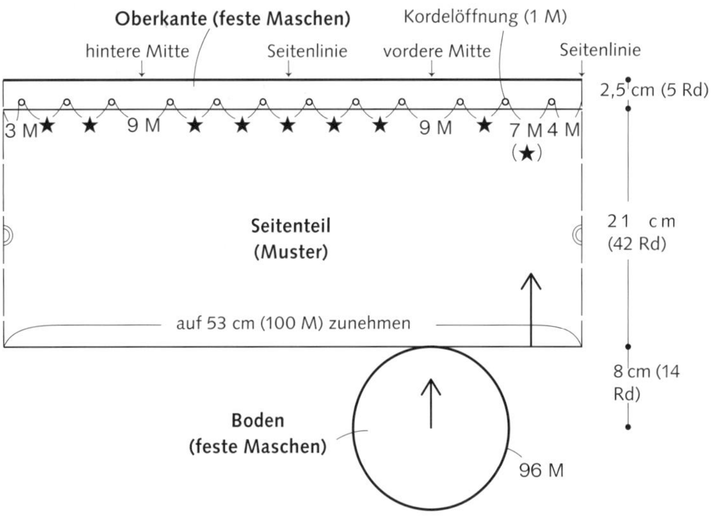

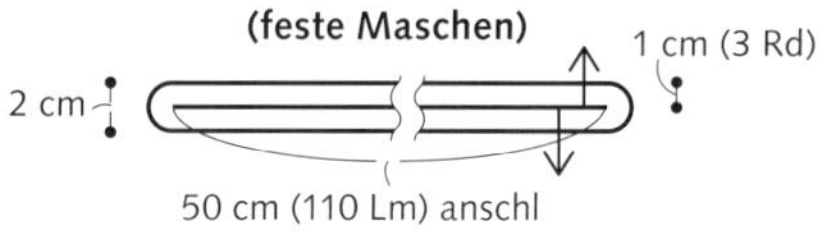

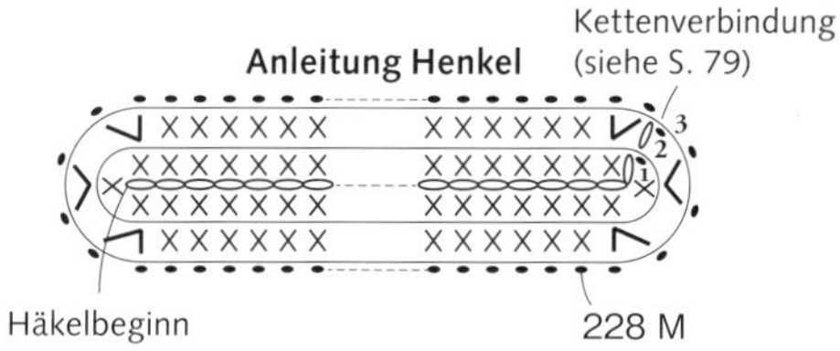

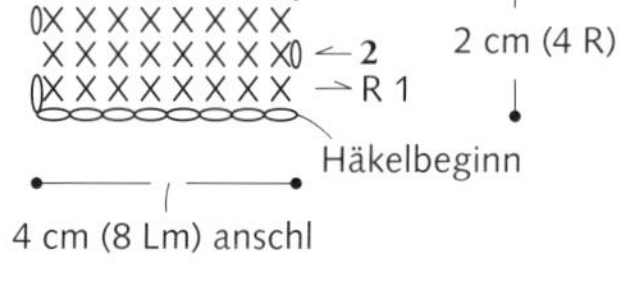

Boden, Seitenteil, Oberkante

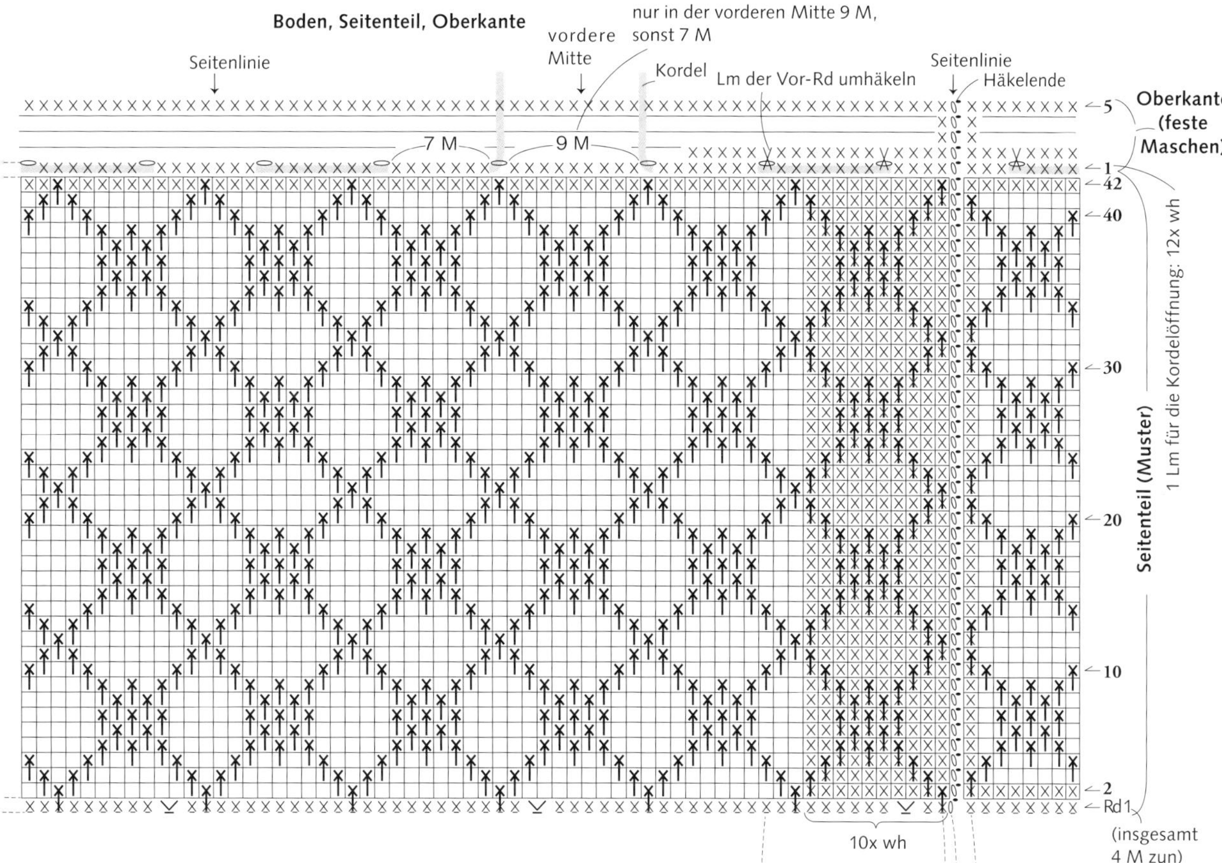

○ = Luftmasche (Lm)

X ☐ = feste Masche (fM)

• = Kettmasche (Km)

X̲ = feste Masche in ein Maschenglied

V V̲ = aus 1 M 2 fM/fM in ein Maschenglied herausḥäkeln

Ɨ = fM in die M der vorletzten Rd

✣ Faden vor dem Häkeln auffächern (siehe S. 32).

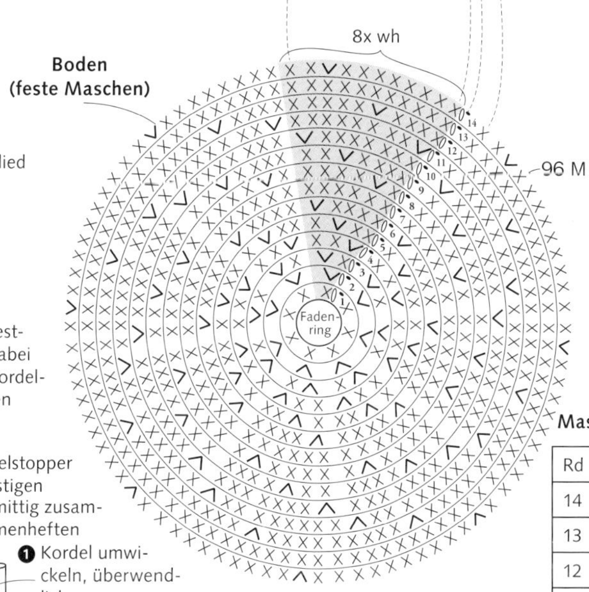

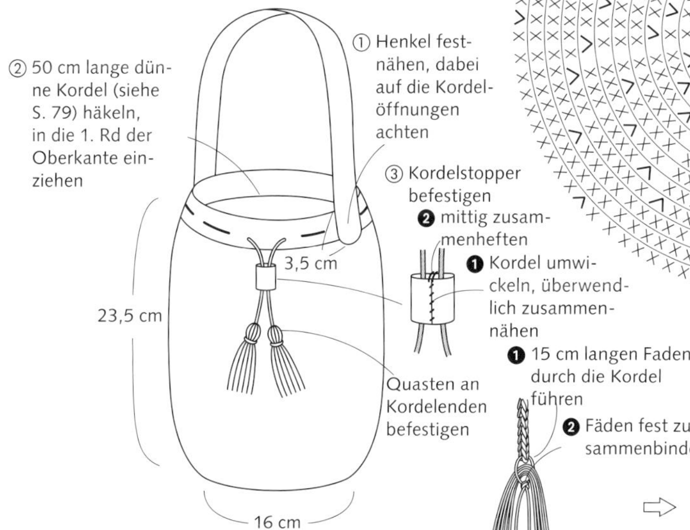

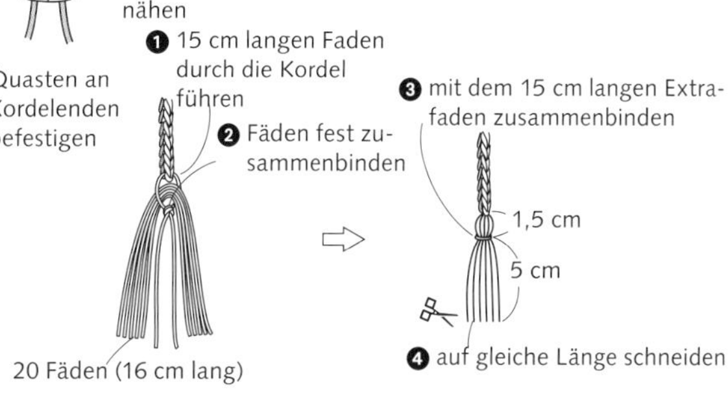

Boden: Maschenzahl und Zunahmen

Rd	M-Zahl	Zunahmen
14	96	8 M zun
13	88	keine Zun
12	88	in jeder Rd 8 M zun
11	80	
10	72	
9	64	
8	56	
7	48	keine Zun
6	48	in jeder Rd 8 M zun
5	40	
4	32	
3	24	
2	16	
1	8 M in Fadenring	

H Seite 10

Wolle: Hamanaka eco-ANDARIA Pastellrosa (47), 80 g
Nadeln: Häkelnadel Nr. 3
Zubehör: 1 Reißverschluss (Länge 55 cm)
Maschenprobe: 26 M x 13 Rd feste Maschen = 10 x 10 cm
Größe: siehe Diagramm

Anleitung

Garn einfädig verarbeiten.

1 Für den Taschenkörper 16 Lm anschl und nach der Häkelschrift in Rd fM ins hintere Maschenglied häkeln, dabei M zun.
2 Häkelarbeit zur Hälfte falten, Reißverschluss befestigen.
3 Doppelquaste herstellen und befestigen.

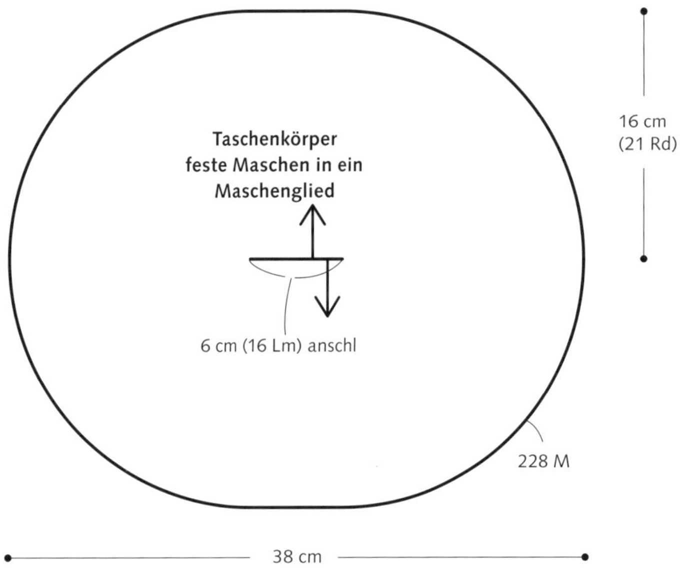

Maschenzahl und Zunahmen

Rd	M-Zahl	Zunahmen
21	228	keine Zun
20	228	in jeder Rd 10 M zun
19	218	
18	208	
17	198	
16	188	
15	178	
14	168	
13	158	
12	148	
11	138	
10	128	
9	118	
8	108	
7	98	
6	88	
5	78	
4	68	
3	58	
2	48	
1	auf beiden Seiten der Lm-Kette 38 M aufn	

Taschenkörper

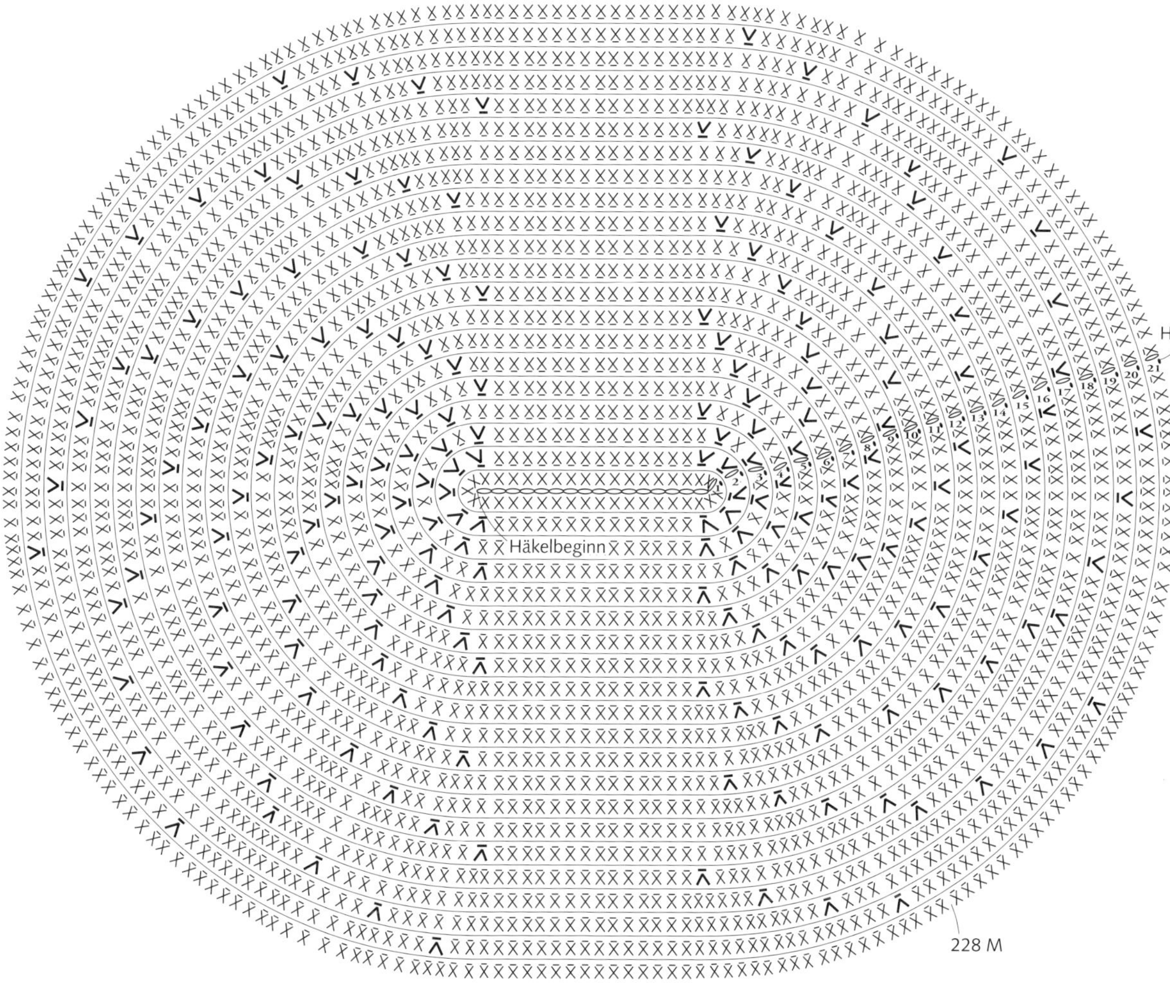

⬭ = Luftmasche (Lm)

X = feste Masche (fM)

• = Kettmasche (Km)

X̲ = feste Masche in ein Maschenglied

V̲ = aus 1 M 2 fM in ein M-Glied heraushäkeln

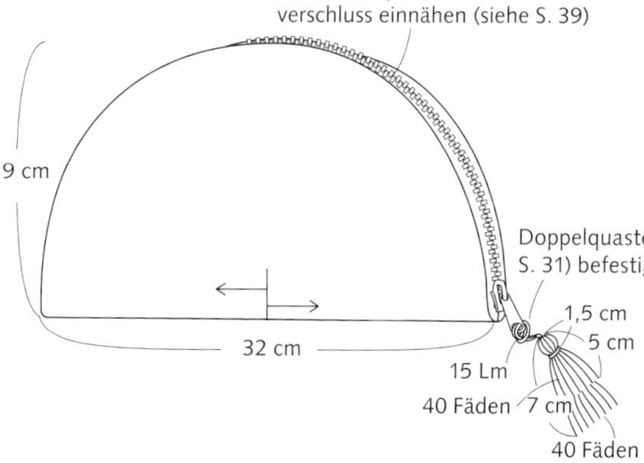

Wolle: Hamanaka eco-ANDARIA Braun (59), 155 g
Hamanaka Amaito Linen 30 Schwarz (112), 20 g
Nadeln: Häkelnadel Nr. 3
Zubehör: Dekorationsfaden, Stärke 0,7 mm
Schrumpfschlauch, 5 cm
Maschenprobe: feste Maschen: 16,5 M = 10 cm, 13 Rd = 7 cm
Muster: 2 Rapporte = 5,3 cm, 7 Rd = 10 cm
Größe: Breite an der Oberkante 37 cm, Höhe 17,5 cm

Anleitung

Garn einfädig verarbeiten und sofern nicht anders angegeben, mit eco-ANDARIA arbeiten.

1 Für den Boden 18 Lm anschl, mit fM in Rd umhäkeln, dabei M zunehmen.
2 Für das Seitenteil im Muster weiterhäkeln. Um die Öffnung 1 Rd fM häkeln, dabei den Dekorationsfaden mit einhäkeln.
3 Für die Henkelabdeckung Lm anschl und fM ohne Zu- und Abnahmen häkeln.
4 2 Henkel häkeln, an den angegebenen Stellen so durchziehen. dass sie Rundcnbeginn und Rundenende einfassen, zum Kreis schließen.
5 Henkelabdeckung um die Henkel wickeln und überwendlich zusammennähen.
6 Kordel häkeln, an beiden Enden je eine Quaste befestigen und an den Henkel knoten.

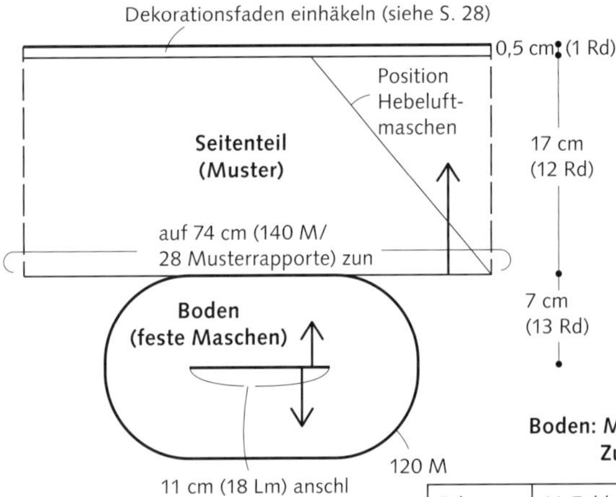

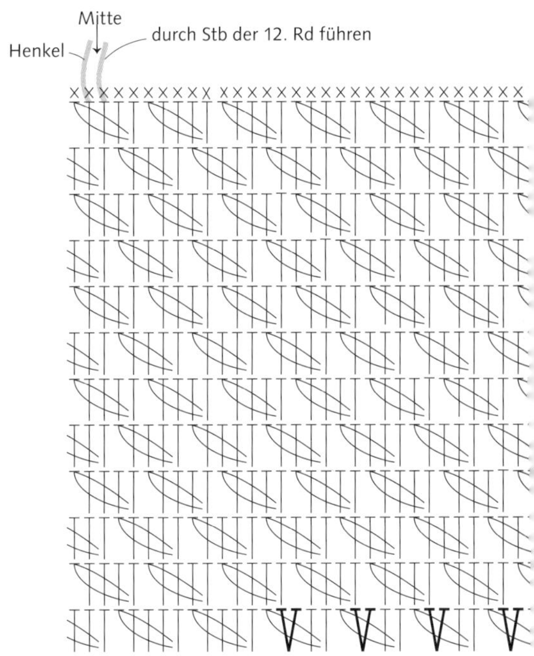

Boden: Maschenzahl und Zunahmen

Rd	M-Zahl	Zunahmen
13	120	in jeder Rd 8 M zun
12	112	
11	104	keine Zun
10	104	in jeder Rd 8 M zun
9	96	
8	88	
7	80	
6	72	keine Zun
5	72	in jeder Rd 8 M zun
4	64	
3	56	
2	48	
1	auf beiden Seiten der Lm-Kette 40 M aufn	

Henkelabdeckung
(feste Maschen)
in Amaito Linen 30

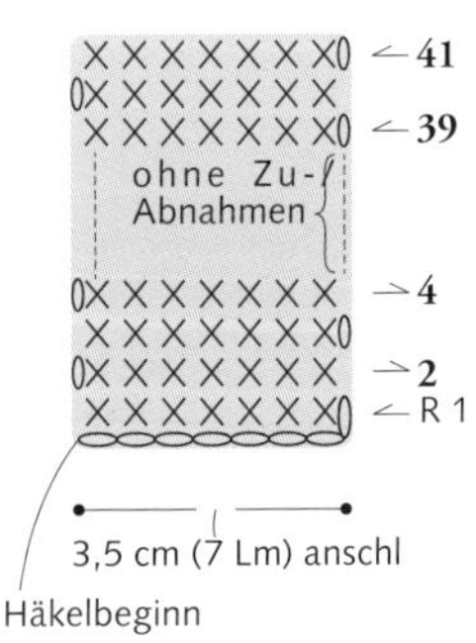

Kordel
Amaito Linen 30

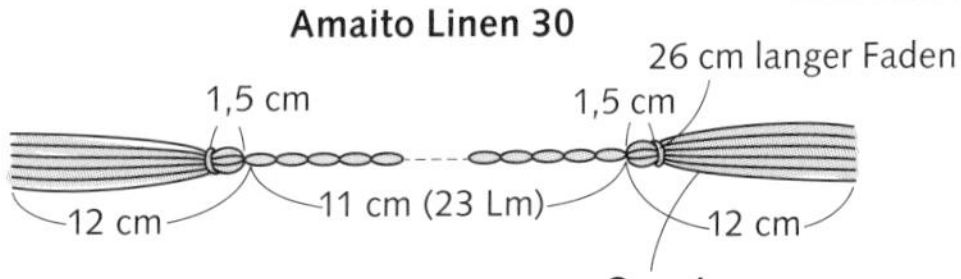

Quaste
aus 30 Fäden (Länge 26 cm) Quaste herstellen (siehe S. 49), an Kordel befestigen

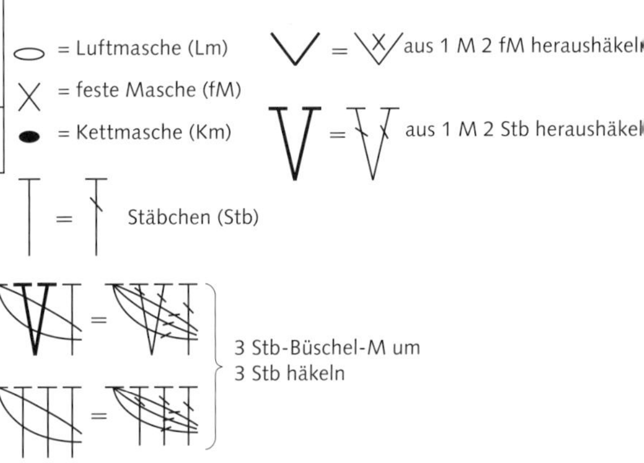

Henkel (2x)

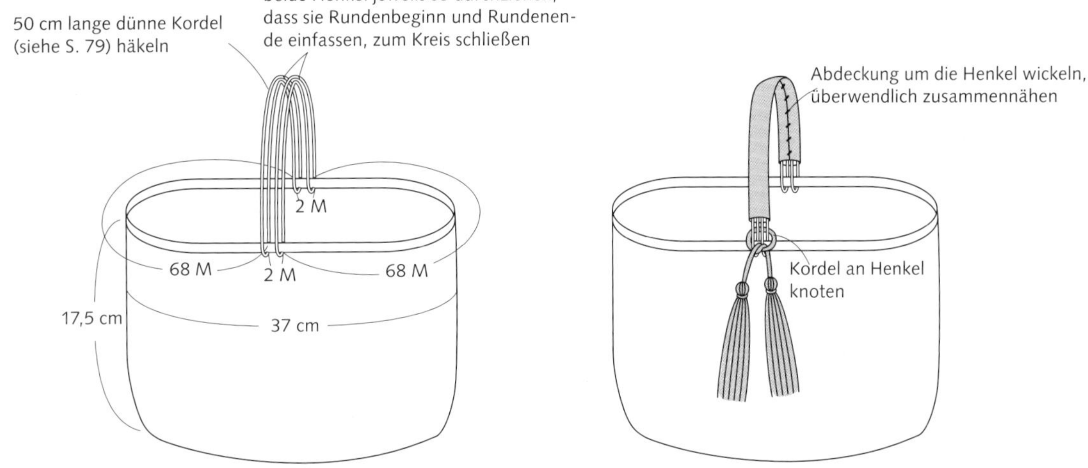

Boden, Seitenteil und Oberkante

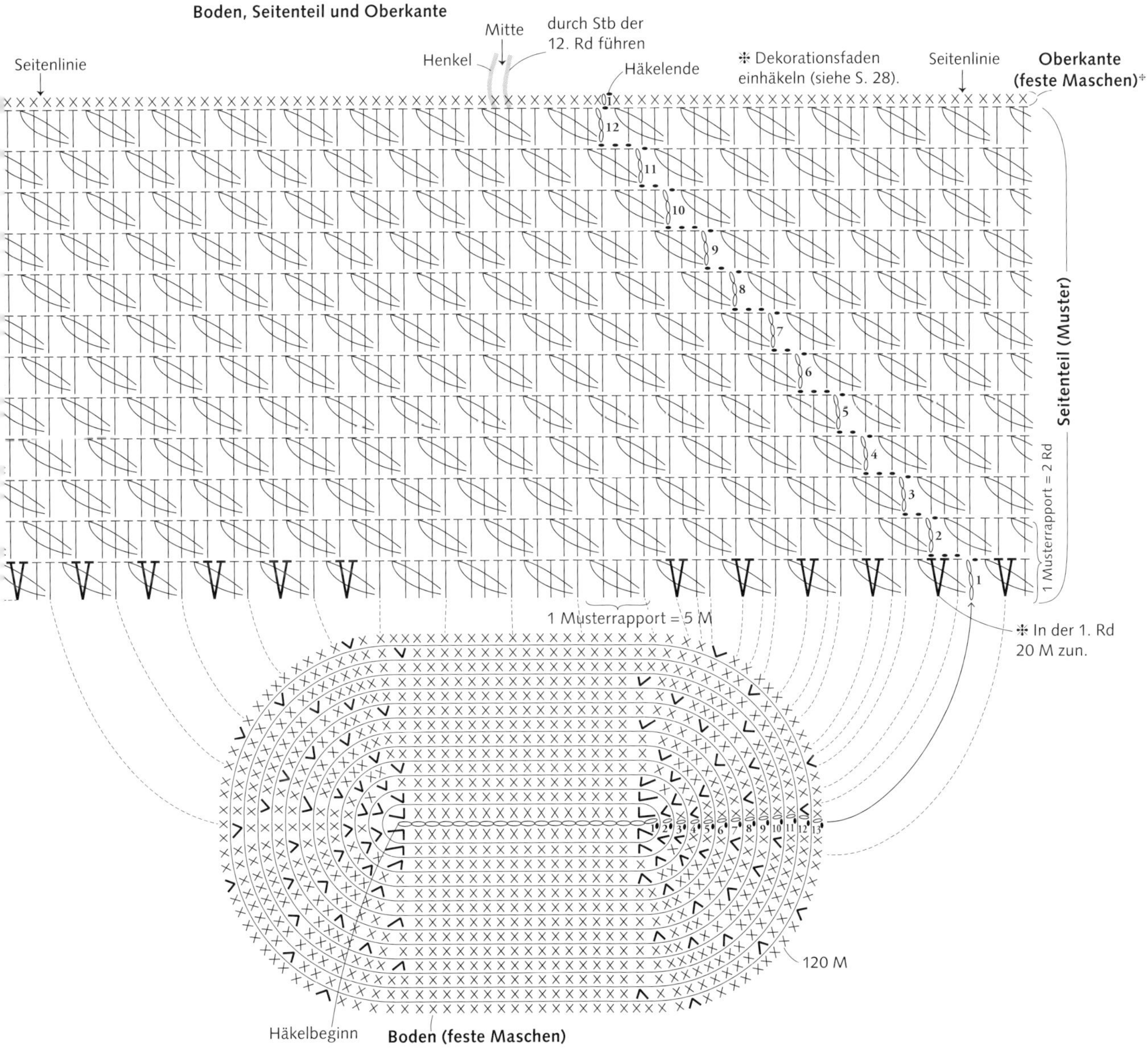

J Seite 12

Wolle: Hamanaka eco-ANDARIA Schwarz (30), 170 g
Nadeln: Häkelnadel Nr. 3
Zubehör: Dekorationsfaden, Stärke 0,7 mm
Schrumpfschlauch, 5 cm
70 cm schwarzes Seidenripsband,
Breite 2,5 cm
Maschenprobe: feste Maschen (Kopfteil):
18 M x 17,6 Rd = 10 x 10 cm
feste Maschen (Krempe):
12 Rd = 7,5 cm
Größe: Kopfumfang 58,5 cm, Höhe 11,5 cm

Anleitung

Garn einfädig verarbeiten.

1 Für das Kopfteil 10 Lm anschl, Kopfteil mit fM in Rd häkeln, dabei gemäß Häkelschrift M zunehmen.

2 Im Anschluss für die Krempe fM häkeln, dabei den Dekorationsfaden mit einhäkeln. In der 1. Rd nur in die vorderen M-Glieder der 20. Rd des Kopfteils stechen, dabei M gemäß Häkelschrift zunehmen. Ab der 2. Rd normale fM häkeln, dabei gemäß Häkelschrift M zunehmen.

3 Seidenripsband auf die angegebene Länge zuschneiden, nach dem Diagramm zusammennähen und am Seitenteil befestigen.

Maschenzahl und Zunahmen

	Rd	M-Zahl	Zunahmen
Krempe	12	220	keine Zun
	11	220	in jeder Rd 11 M zun
	10	109	
	9	198	
	8	187	
	7	176	
	6	176	keine Zun
	5	165	in jeder Rd 11 M zun
	4	154	
	3	143	
	2	132	keine Zun
	1	132	26 M zun
Seite	10–20	106	keine Zun
	9	106	in jeder Rd 6 M zun
	8	100	
	7	94	keine Zun
	6	94	in jeder Rd 6 M zun
	5	88	
	4	82	keine Zun
	3	82	in jeder Rd 6 M zun
	2	76	
	1	70	keine Zun
Oberteil	10–13	70	keine Zun
	9	70	in jeder Rd 6 M zun
	8	64	
	7	58	
	6	52	
	5	46	
	4	40	
	3	34	
	2	28	
	1	auf beiden Seiten der Lm-Kette 22 M aufn	

Krempe Rd 1–12: Dekorationsfaden einhäkeln

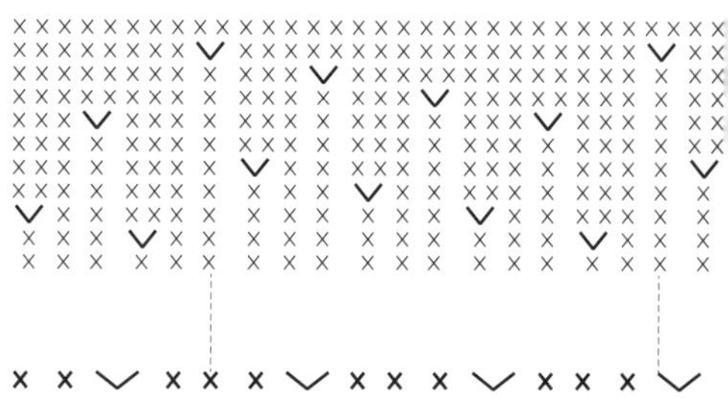

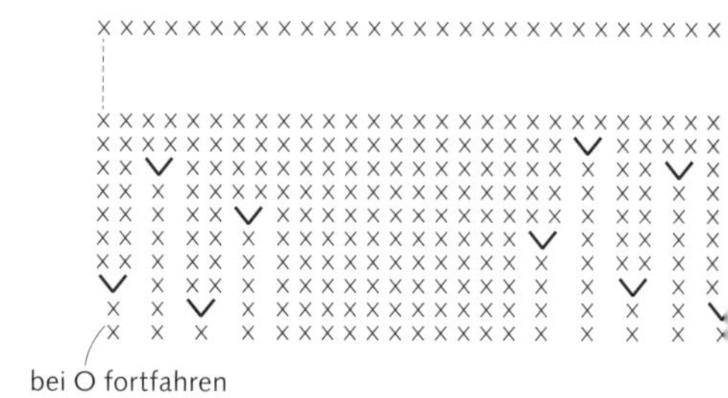

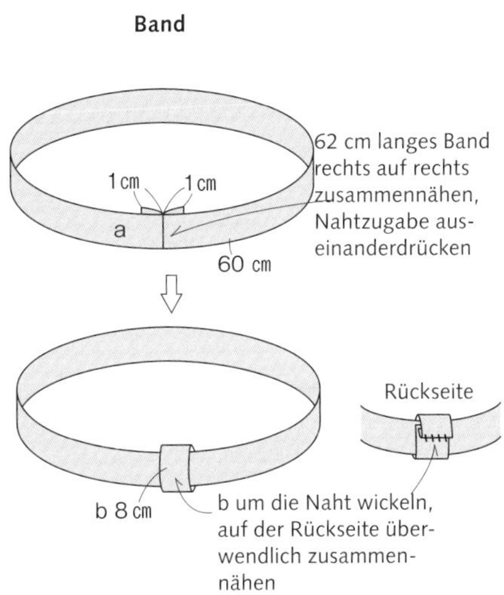
Band
62 cm langes Band rechts auf rechts zusammennähen, Nahtzugabe auseinanderdrücken
1 cm
1 cm
a
60 cm
Rückseite
b 8 cm
b um die Naht wickeln, auf der Rückseite überwendlich zusammennähen

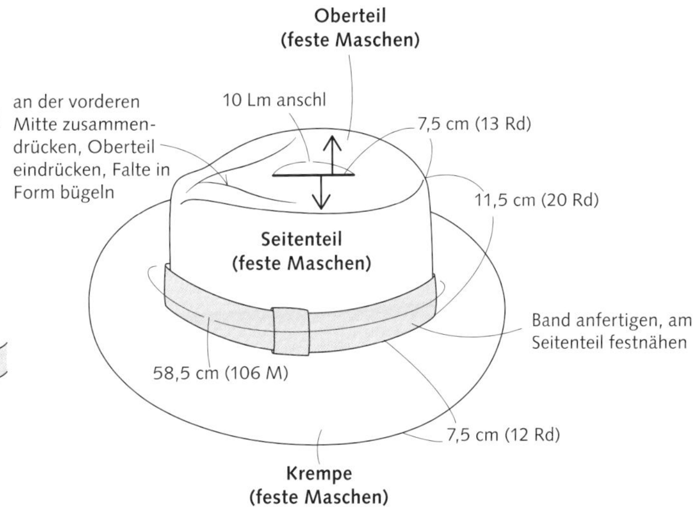
Oberteil
(feste Maschen)
an der vorderen Mitte zusammendrücken, Oberteil eindrücken, Falte in Form bügeln
10 Lm anschl
7,5 cm (13 Rd)
11,5 cm (20 Rd)
Seitenteil
(feste Maschen)
Band anfertigen, am Seitenteil festnähen
58,5 cm (106 M)
7,5 cm (12 Rd)
Krempe
(feste Maschen)

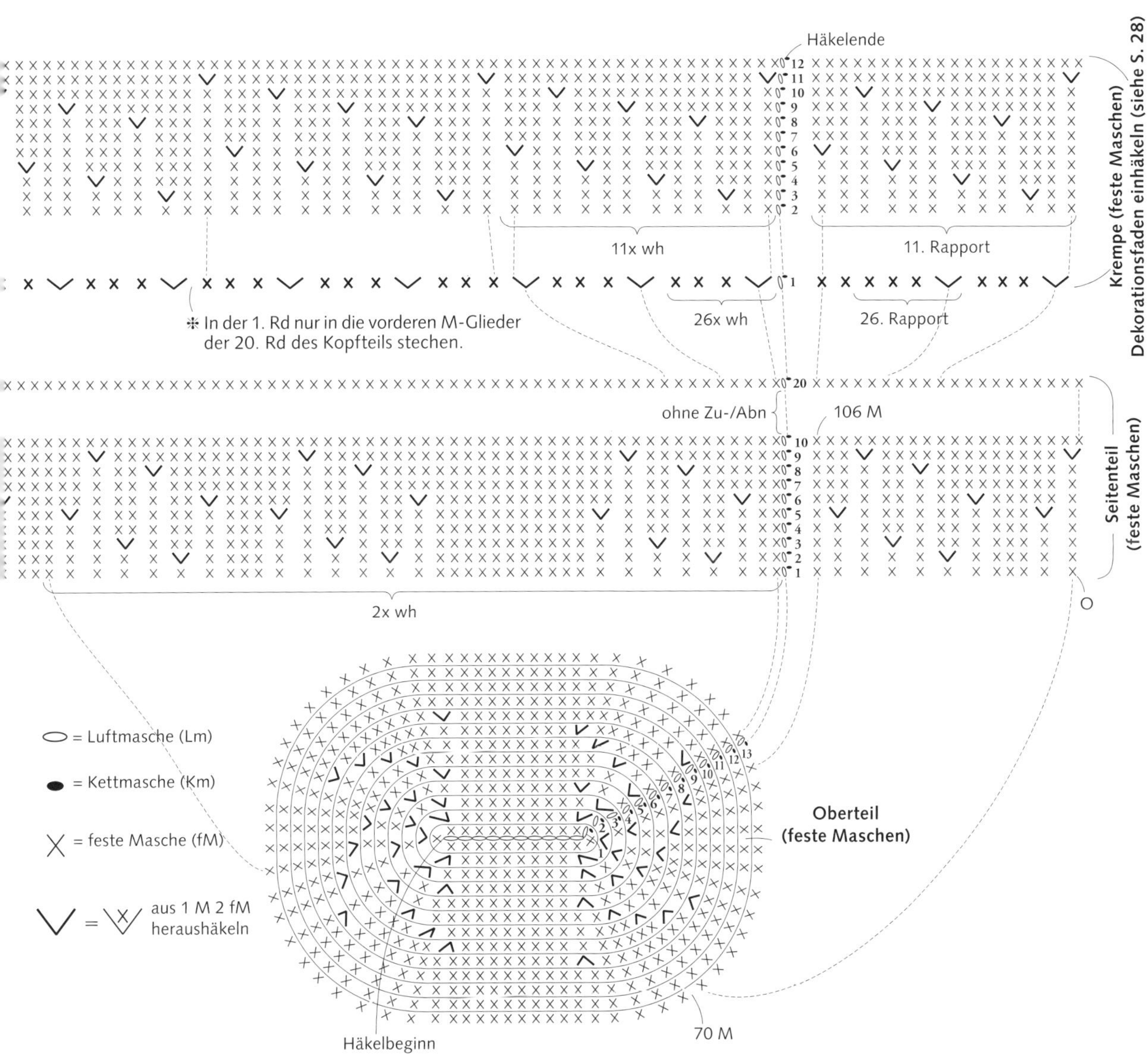
Häkelende
11x wh
11. Rapport
26x wh
26. Rapport
✣ In der 1. Rd nur in die vorderen M-Glieder der 20. Rd des Kopfteils stechen.
Krempe (feste Maschen)
Dekorationsfaden einhäkeln (siehe S. 28)
ohne Zu-/Abn
106 M
Seitenteil
(feste Maschen)
2x wh
= Luftmasche (Lm)
= Kettmasche (Km)
= feste Masche (fM)
= aus 1 M 2 fM heraushäkeln
Oberteil
(feste Maschen)
Häkelbeginn
70 M

M Seite 14

Wolle: Hamanaka eco-ANDARIA Moosgrün (158), 80 g; Schwarz (30), 10 g
Nadeln: Häkelnadel Nr. 3
Zubehör: **1 runder** Lederboden, schwarz, Durchmesser 15,6 cm (Hamanaka: H204-596-2)
1 Set Rundgriffe, Durchmesser 12,5 cm, schwarz (Hamanaka: H210-011)
Maschenprobe: Muster: 2 Rapporte = 2,7 cm, 16 Rd = 10 cm
Größe: Breite an der Oberkante 24 cm, Höhe 20 cm

Anleitung

Garn einfädig und in den im Diagramm angegebenen Farben verarbeiten.

1 In die 48 Löcher des Lederbodens 96 fM häkeln.
2 Mit dem Seitenteil im Muster fortfahren. In die fM 36 Musterrapporte arbeiten, Seitenteil ohne Zu- oder Abnahmen fertig häkeln.
3 Für den senkrechten Streifen Lm anschl, Streifen ohne Zu- oder Abnahmen in fM arbeiten.
4 Streifen an der angegebenen Position auf das Seitenteil nähen, überstehende Enden um je 1 Griff schlagen und festnähen.

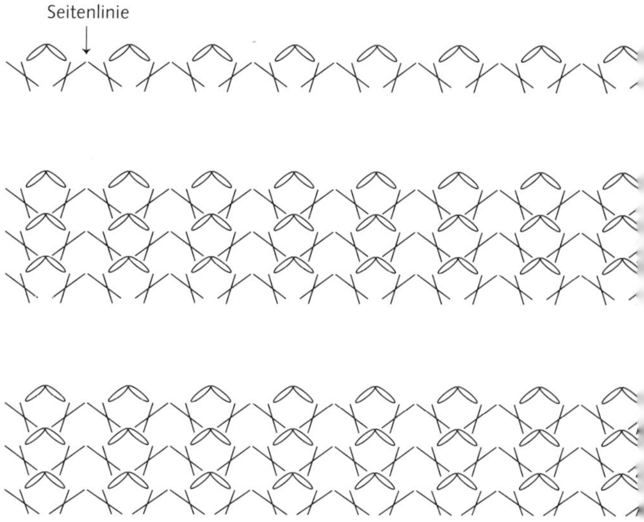

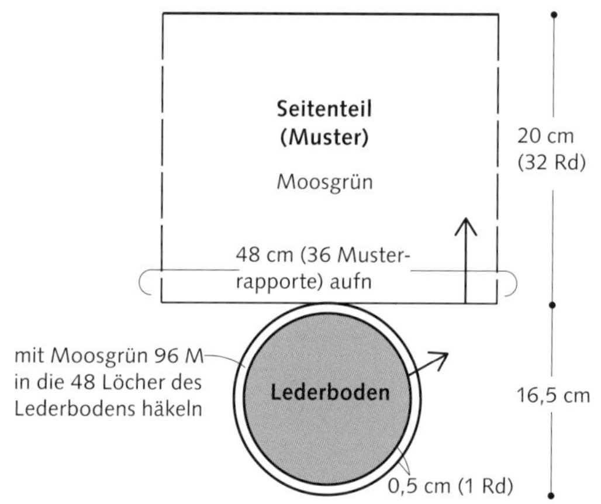

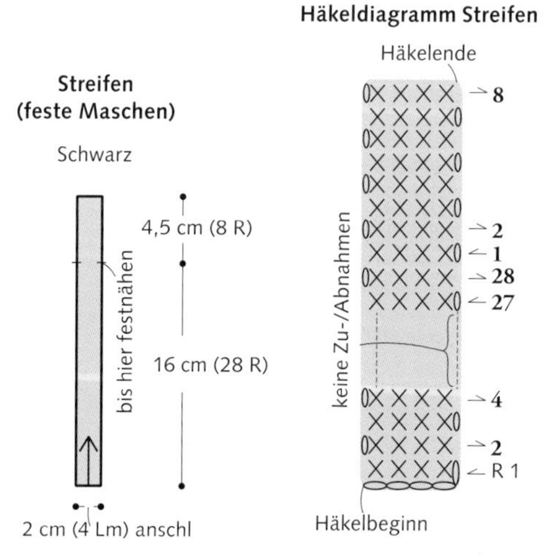

Boden und Seitenteil

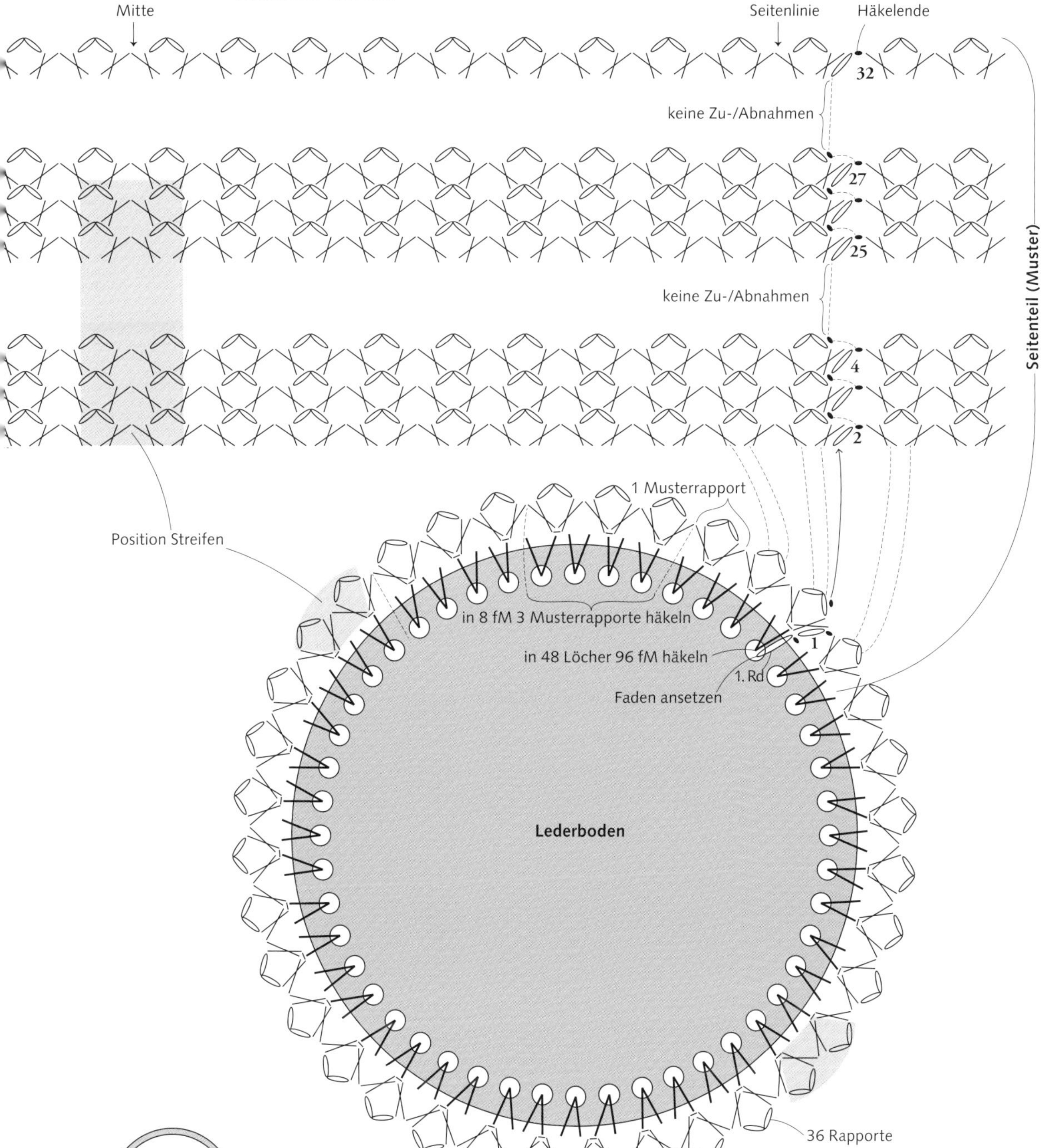

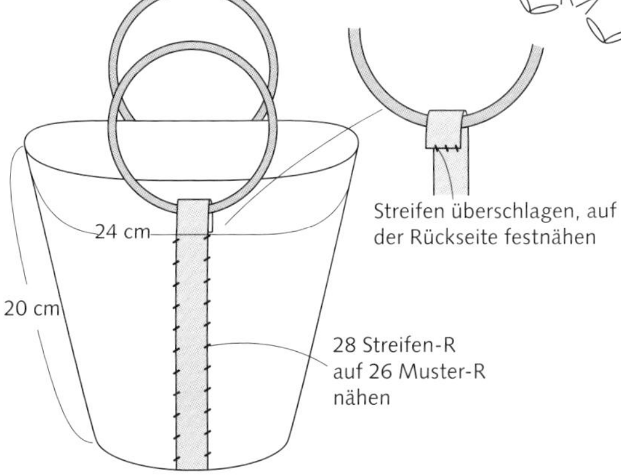

= Luftmasche (Lm)

= feste Masche (fM)

= Kettmasche (Km)

= aus 1 M 2 fM heraushäkeln

= 1 fM in ein M-Glied, 2 Lm, 1 fM in ein M-Glied

N Seite 15

Wolle: Hamanaka eco-ANDARIA Beige (23), 135 g; Naturweiß (168), 80 g
Nadeln: Häkelnadel Nr. 3
Maschenprobe: feste Maschen: 18 M x 20 Rd = 10 x 10 cm
Muster: 1 Rapport = 3,3 cm, 11 Rd = 10 cm
Größe: Breite 25 cm, Höhe 22 cm, Henkel 12 cm

Anleitung

Garn einfädig und in den im Diagramm angegebenen Farben verarbeiten.

1. Für den Boden 23 Lm anschl, mit fM in Rd weiterhäkeln, dabei gemäß Häkelschrift M zunehmen.
2. Im Anschluss für das Seitenteil fM und im Muster häkeln.
3. Für die Henkel Lm anschl, Henkel in fM ohne Zu- und Abnahmen häkeln, Außenkanten zusammenbringen und im mittleren Teil überwendlich zusammennähen, an der Innenseite des Seitenteils festnähen.
4. Seitenteil an den angegebenen Stellen der Seitenlinien auf der Innenseite mit Rückstich zusammenheften.
5. Für die Schleife Lm anschl, fM häkeln und an die vordere Mitte nähen.

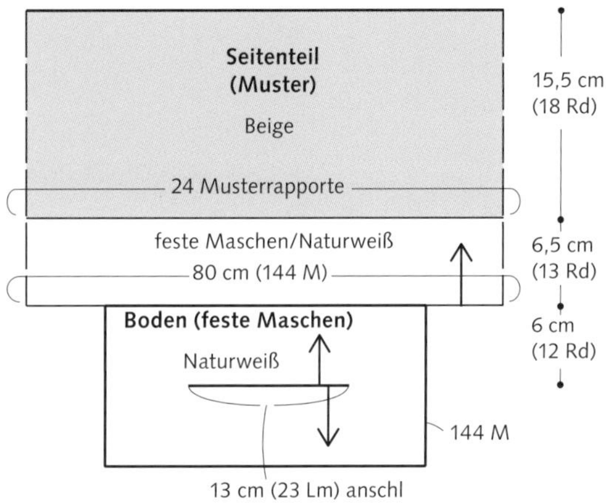

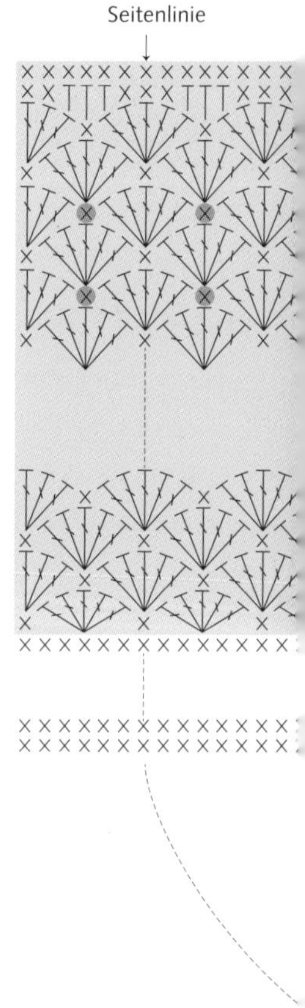

Henkel (2x)
(feste Maschen)

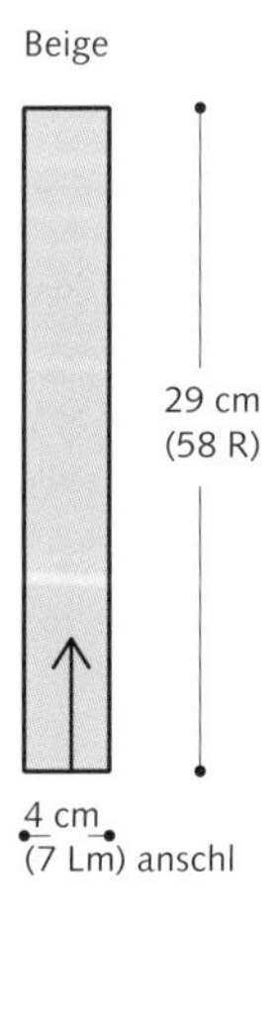

Häkeldiagramm Henkel

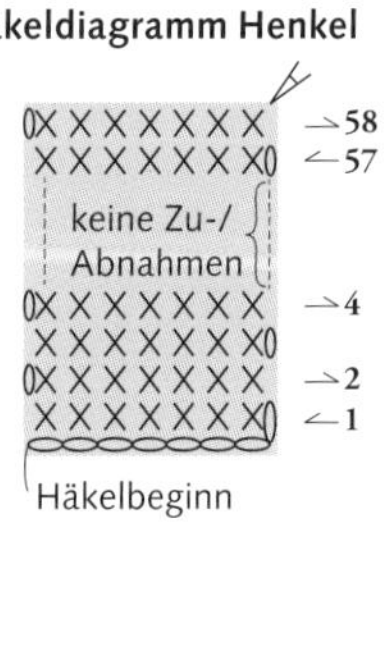

Boden: Maschenzahl und Zunahmen

Rd	M-Zahl	Zunahmen
12	144	in jeder Rd 8 M zun
11	136	
10	128	
9	120	
8	112	
7	104	
6	96	
5	88	
4	80	
3	72	
2	64	
1	auf beiden Seiten der Lm-Kette 56 M aufn	

Schleife
Naturweiß

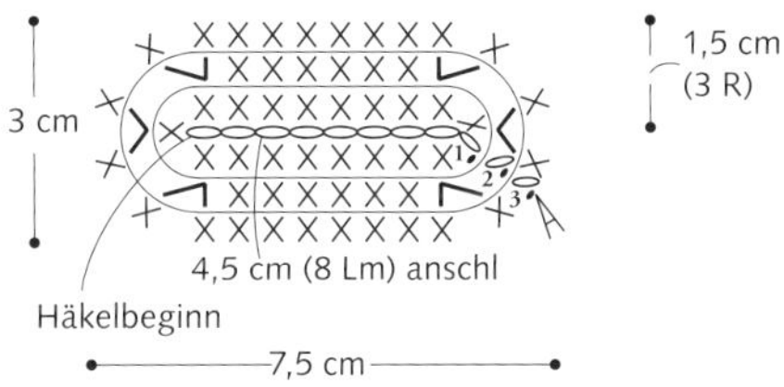

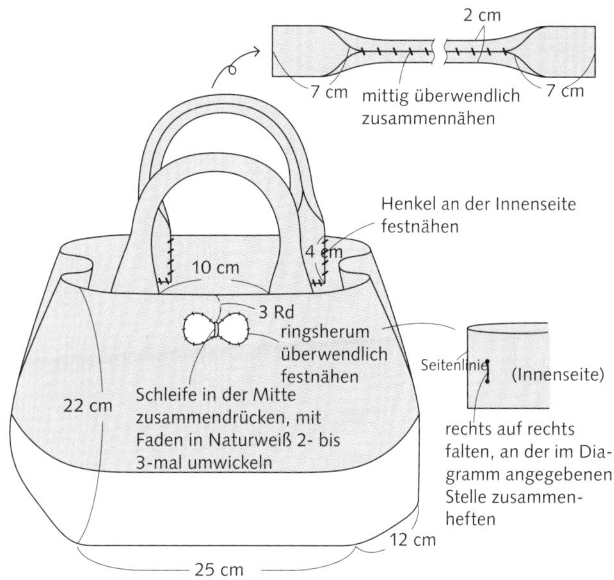

Boden und Seitenteil

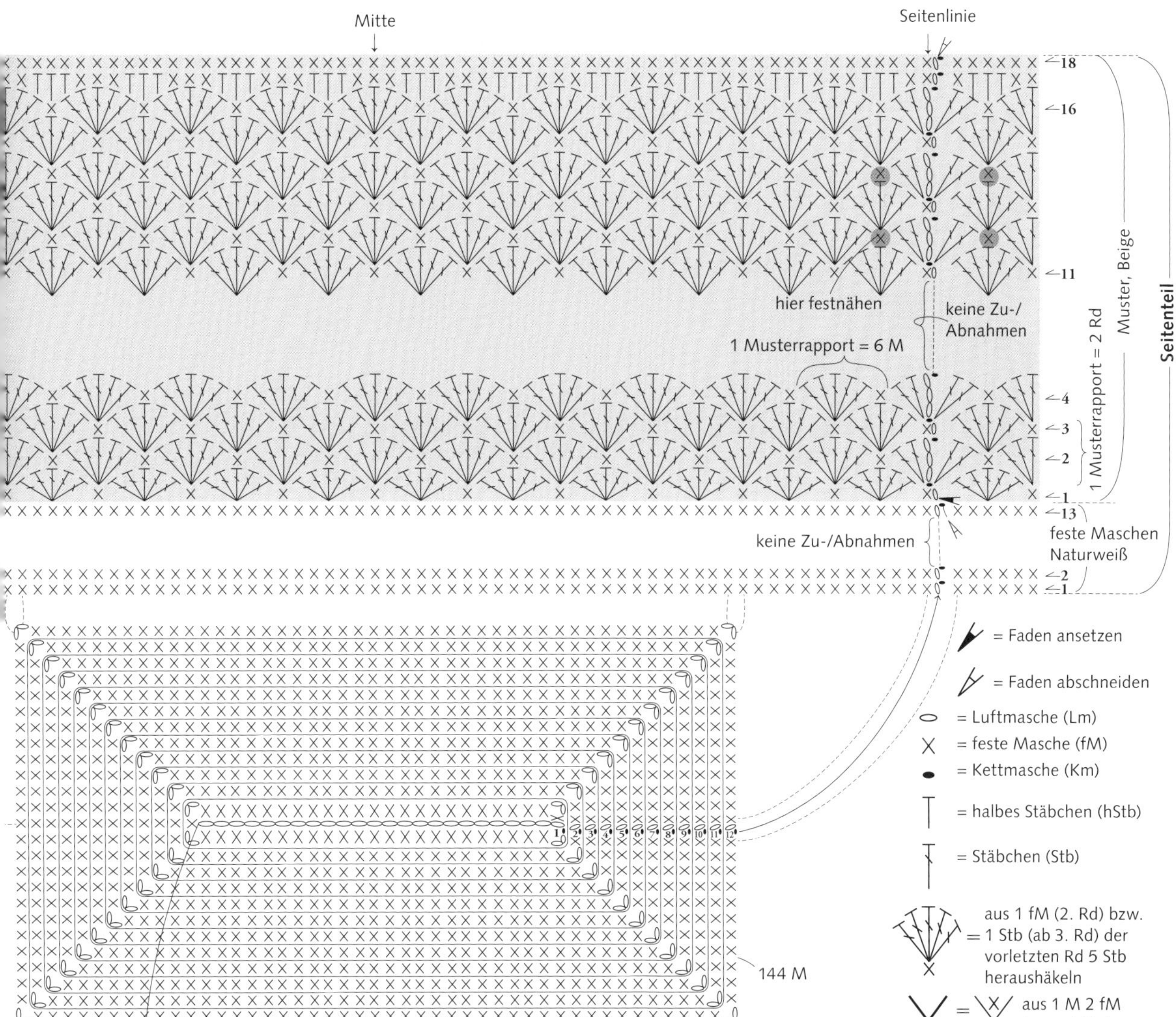

Boden (feste Maschen, Naturweiß)

O Seite 16

Wolle: Hamanaka eco-ANDARIA Beige (23), 235 g
Hamanaka Amaito Linen 30 Naturweiß (101), Hellblau (104), Gelbgrün (106), Koralle (105), je 30 g
Nadeln: Häkelnadel Nr. 5, Nr. 4
Zubehör: 1 ovaler Lederboden (15 x 30 cm), beige (Hamanaka: H204-618-1)
Maschenprobe: 11,5 M x 13 Rd feste Maschen= 10 x 10 cm
Größe: Breite an der Oberkante 43,5 cm, Höhe 25 cm

Anleitung

Außer für die Quasten eco-ANDARIA zweifädig mit der angegebenen Nadelstärke verarbeiten.

1 Für den Boden in die 70 Löcher des Lederbodens mit Häkelnadel Nr. 4 84 fM häkeln.

2 Zu Häkelnadel Nr. 5 wechseln, ohne Hebe-M fM häkeln, dabei gemäß Häkelschrift M zunehmen.

3 Oberkante und Henkel ebenfalls aus fM häkeln, dabei für die Henkel an den angegebenen Stellen 20 Lm einfügen.

4 In jeder Farbe 8 Quasten herstellen, an den angegebenen Stellen festnähen.

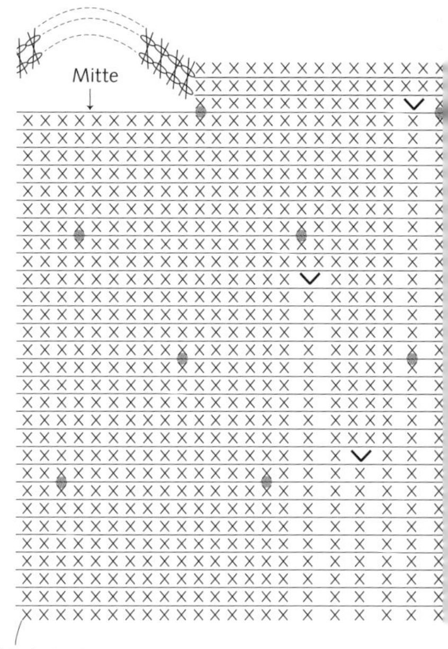

bei ★ fortsetzen

Maschenzahl und Zunahmen Seitenteil

Rd	M-Zahl	Zunahme
21–29	100	keine Zun
20	100	8 M zun
11–19	92	keine Zun
10	92	8 M zun
1–9	84	keine Zun

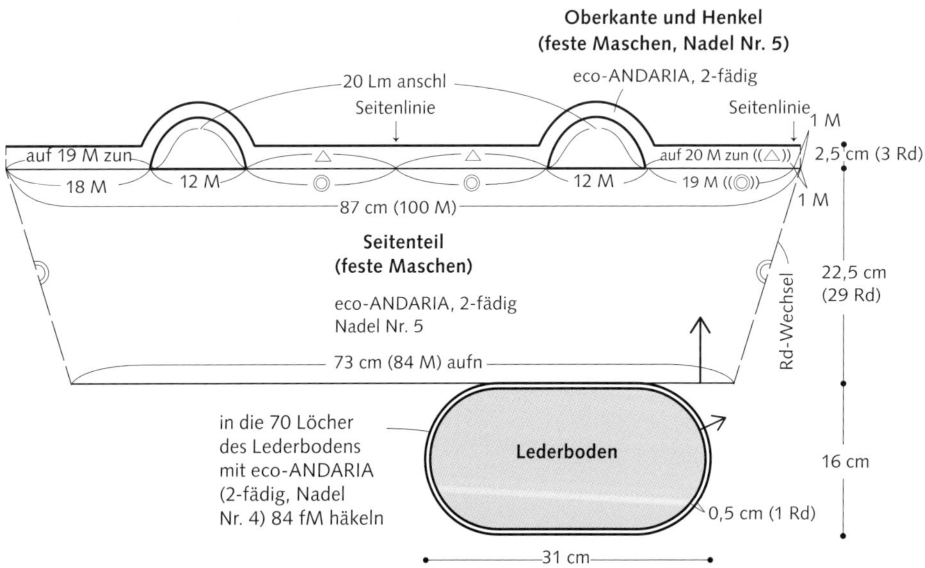

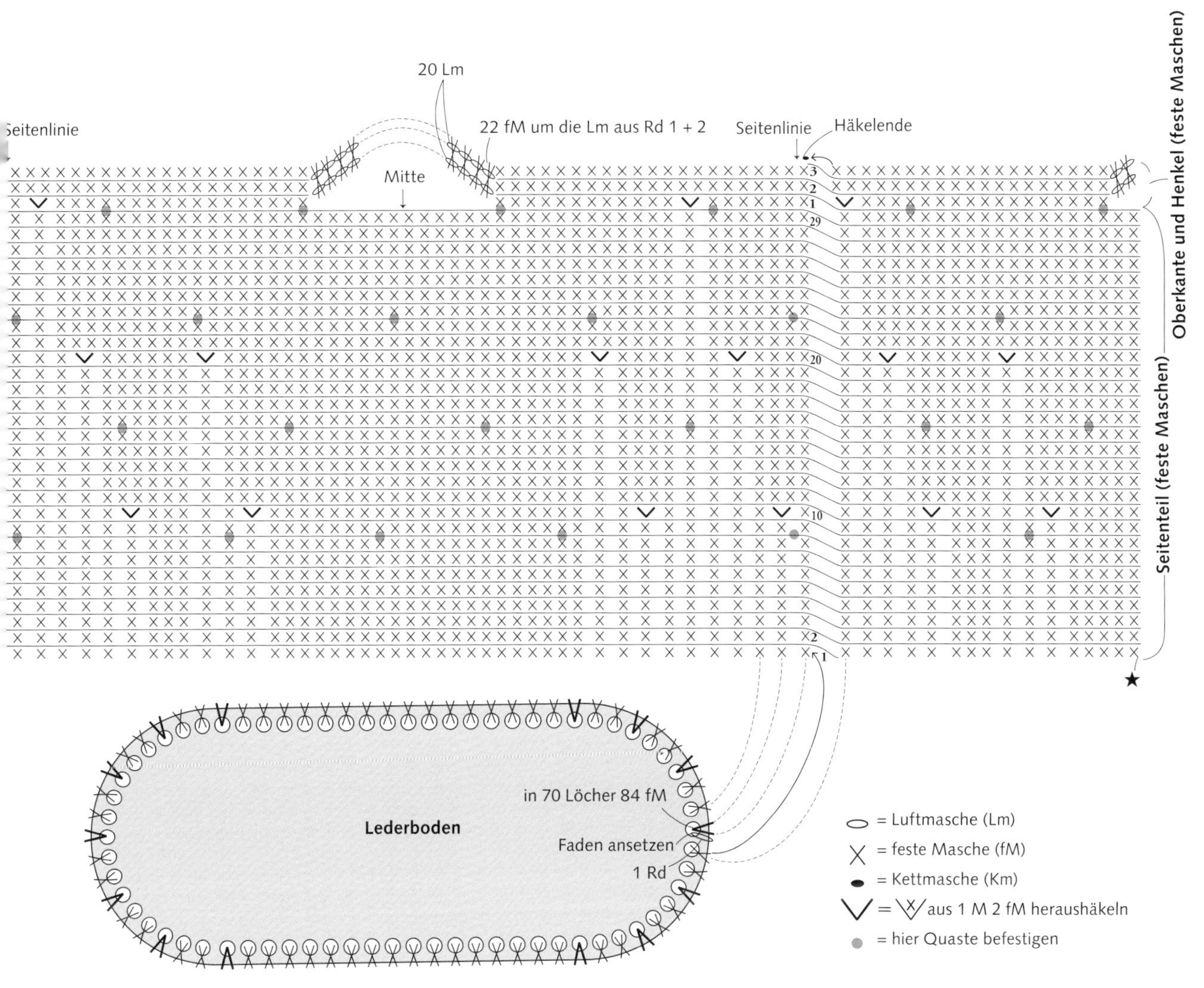
20 Lm
Seitenlinie
22 fM um die Lm aus Rd 1 + 2
Seitenlinie
Häkelende
Mitte
Oberkante und Henkel (feste Maschen)
Seitenteil (feste Maschen)
Lederboden
in 70 Löcher 84 fM
Faden ansetzen
1 Rd
= Luftmasche (Lm)
= feste Masche (fM)
= Kettmasche (Km)
= aus 1 M 2 fM heraushäkeln
= hier Quaste befestigen

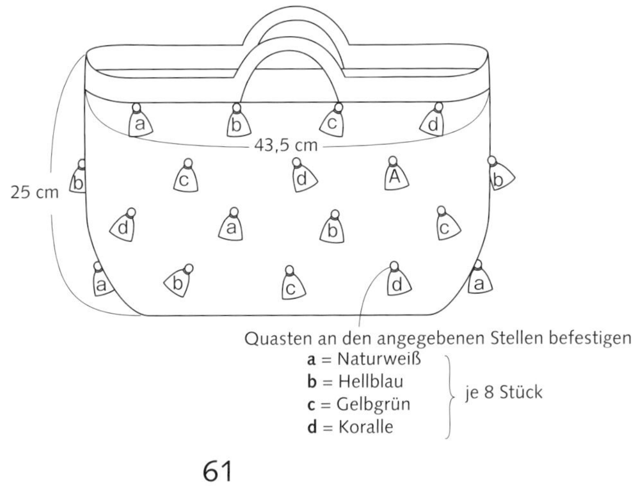
43,5 cm
25 cm
Quasten an den angegebenen Stellen befestigen
a = Naturweiß
b = Hellblau
c = Gelbgrün
d = Koralle
je 8 Stück

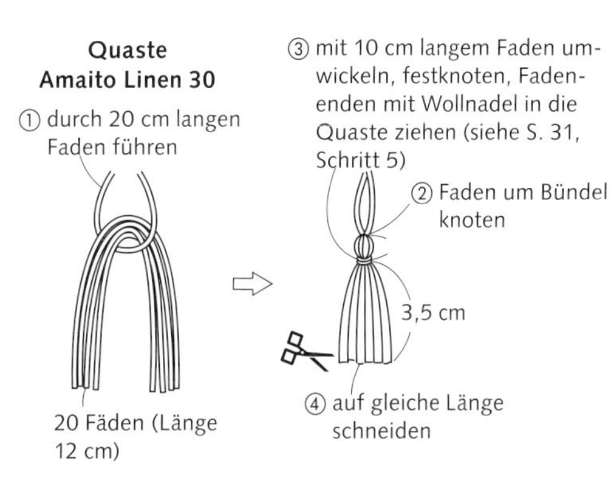
Quaste
Amaito Linen 30
① durch 20 cm langen Faden führen
20 Fäden (Länge 12 cm)
③ mit 10 cm langem Faden umwickeln, festknoten, Fadenenden mit Wollnadel in die Quaste ziehen (siehe S. 31, Schritt 5)
② Faden um Bündel knoten
3,5 cm
④ auf gleiche Länge schneiden

P Seite 18 und 19

Wolle: Hamanaka eco-ANDARIA Schwarz (30), 155 g
Nadeln: Häkelnadel Nr. 3
Zubehör: **2** runde Bambusgriffe Natur, Durchmesser 14 cm (Hamanaka: H210-623-1)
Maschenprobe: 17 M x 17 R feste Maschen= 10 x 10 cm
Größe: siehe Diagramm

Anleitung

Garn einfädig verarbeiten.

1 Für das Seitenteil die Teile a–c in dieser Reihenfolge in fM häkeln. Für Teil a 40 M um den Henkel häkeln, dann 28 R häkeln, dabei ab der 2. R M zunehmen.
2 Für Teil b Faden an der angegebenen Stelle ansetzen, 6 R häkeln, dabei auf beiden Seiten M abnehmen.
3 Für Teil c 3 R an die Außenkante der Arbeit anhäkeln.
4 Auf dieselbe Weise ein Gegenstück herstellen. Arbeiten links auf links aufeinanderlegen, überwendlich zusammennähen.

Seitenteil (2x)
(feste Maschen)

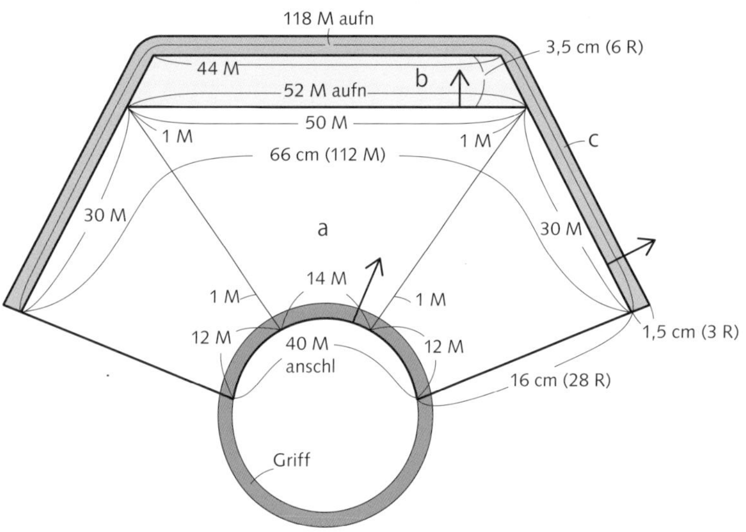

Teil a: Maschenzahl und Zunahmen

R	M-Zahl	Zunahmen
28	112	keine Zun
27	112	in jeder R 4 M zun
26	108	
25	104	keine Zun
24	104	in jeder R 4 M zun
23	100	
22	96	keine Zun
21	96	in jeder R 4 M zun
20	92	
19	88	keine Zun
18	88	in jeder R 4 M zun
17	84	
16	80	keine Zun
15	80	in jeder R 4 M zun
14	76	
13	72	keine Zun
12	72	in jeder R 4 M zun
11	68	
10	64	keine Zun
9	64	in jeder R 4 M zun
8	60	
7	56	keine Zun
6	56	in jeder R 4 M zun
5	52	
4	48	keine Zun
3	48	in jeder R 4 M zun
2	44	
1	40 M anhäkeln	

Teile a, b, c

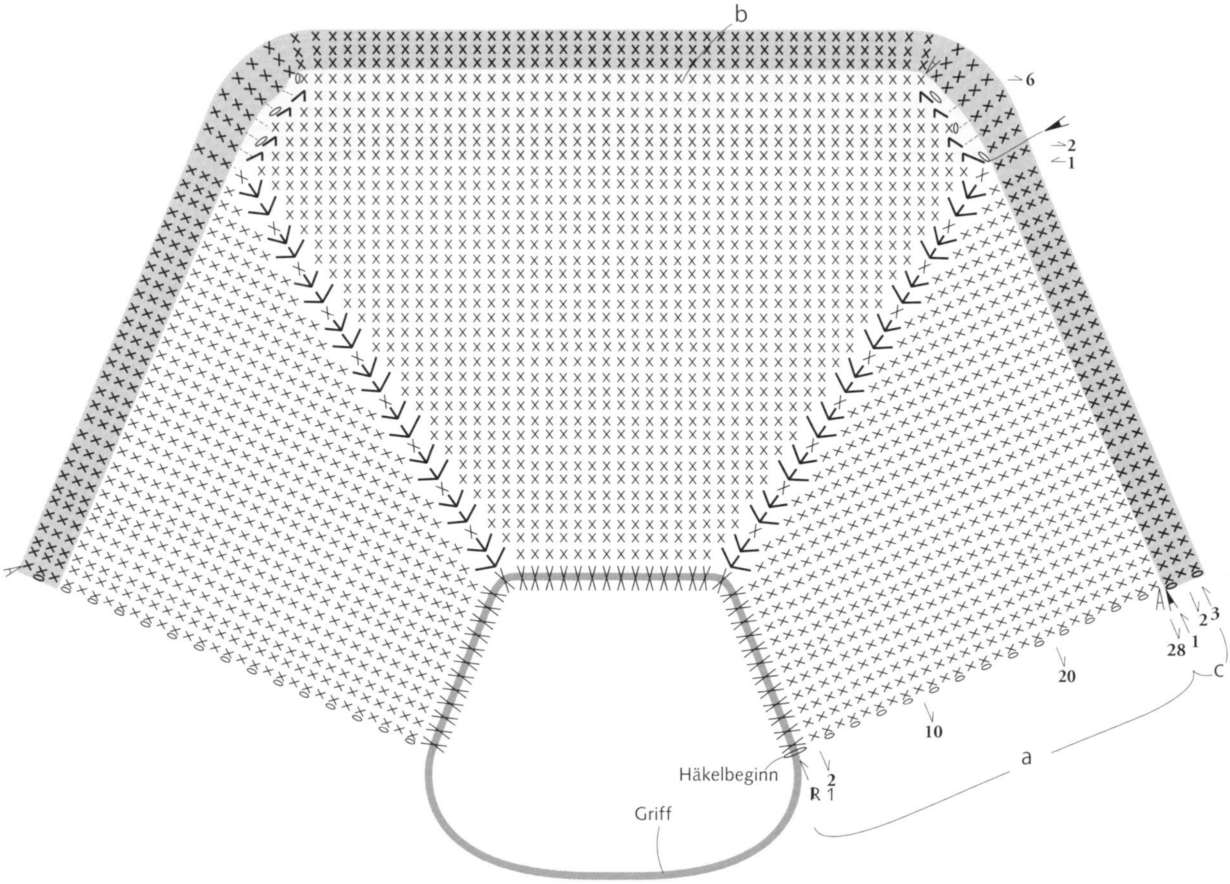

⬭ = Luftmasche (Lm)

X X X = feste Masche (fM)

V = aus 1 M 3 fM heraushäkeln

Λ = 2 fM zus abm

= Faden ansetzen

= Faden abschneiden

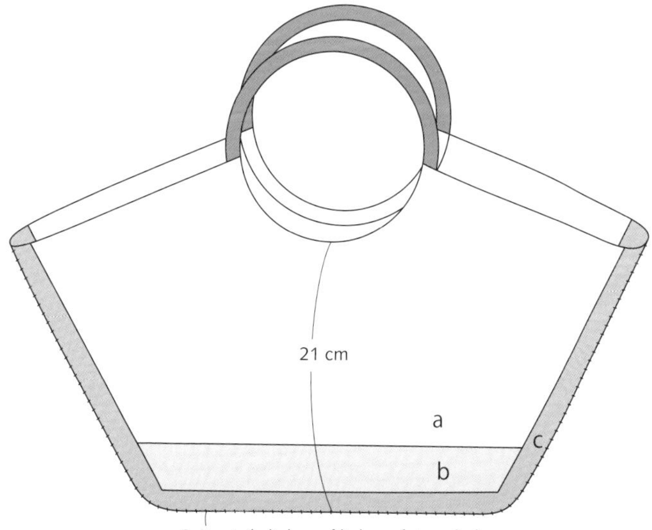

Q Seite 20 und 21

Wolle: Hamanaka eco-ANDARIA Beige (23), 240 g
Hamanaka Emperor Schwarz/Goldlamé (22), 90 g
Hamanaka Amaito Linen 30 Schwarz (112), 15 g
Nadeln: Häkelnadel Nr. 4, Nr. 3,5
Maschenprobe: 14,5 M x 15 Rd feste Maschen= 10 x 10 cm
Größe: siehe Diagramm

Anleitung

Faden wie angegeben 2-fädig mit der angegebenen Nadelstärke verarbeiten.

1 Für den Boden 34 Lm anschl, mit fM in Rd umhäkeln, dabei gemäß Häkelschrift M zunehmen.
2 Im Anschluss das Seitenteil ohne Zu- und Abnahmen häkeln, Faden abschneiden.
3 Für Oberkante und Henkel Faden an der angegebenen Stelle ansetzen, in Hin- und Rück-R fM häkeln.
4 Abschlusskanten der Henkel aufeinander ausrichten, überwendlich zusammennähen. Um Oberkante und Henkel 1 Rd fM häkeln (Häkelkante).
5 Henkelkanten übereinanderschlagen, alle 3 cm mit Heftstich fixieren.
6 Für die Henkelabdeckung Lm anschl, in Hin- und Rück-R ohne Zu- und Abnahmen fM häkeln. Um die Henkel wickeln, überwendlich zusammennähen.

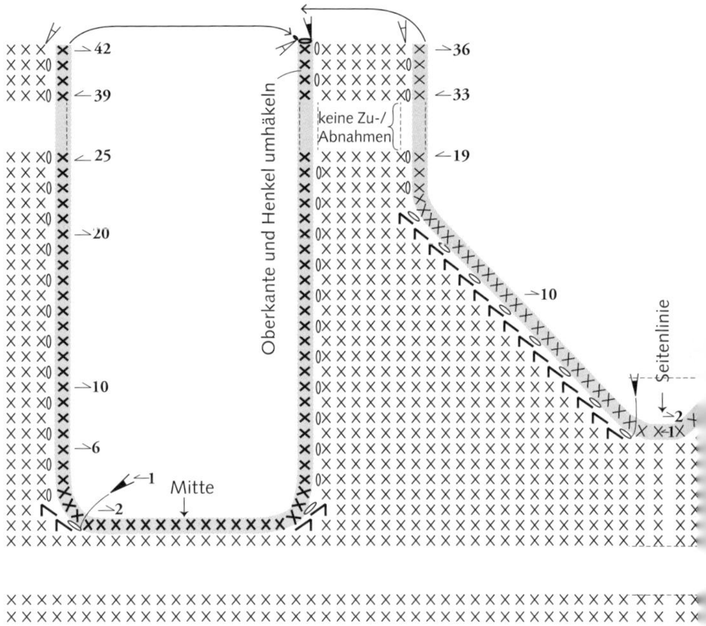

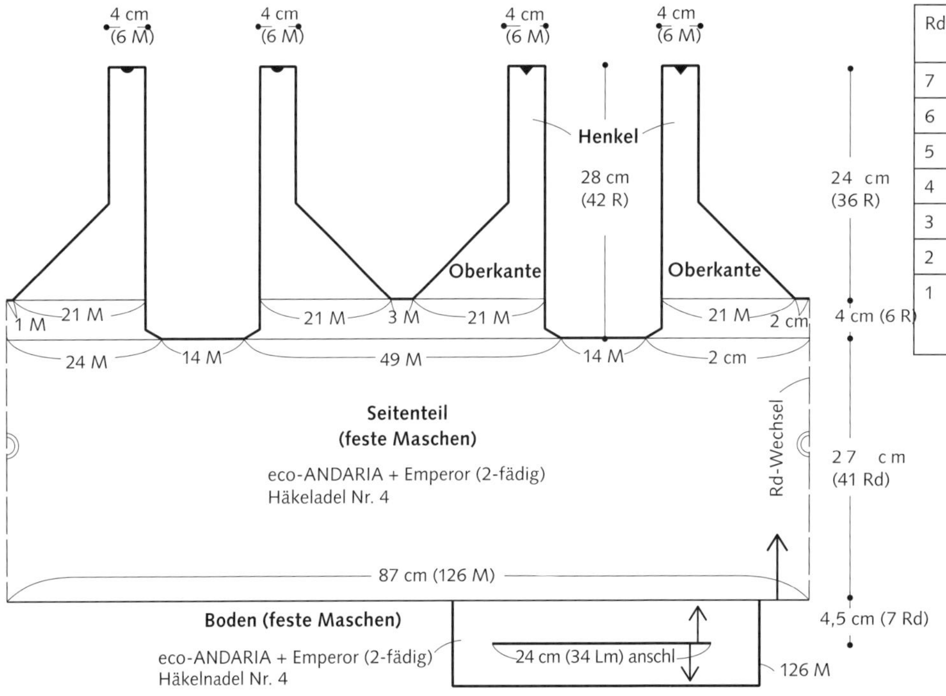

Boden: Maschenzahl und Zunahmen

Rd	M-Zahl	Zunahmen
7	126	in jeder Rd 8 M zun
6	118	
5	110	
4	102	
3	94	
2	86	
1	auf beiden Seiten der Lm-Kette 78 M aufn	

Boden, Seitenteil, Oberkante und Henkel, Häkelkante

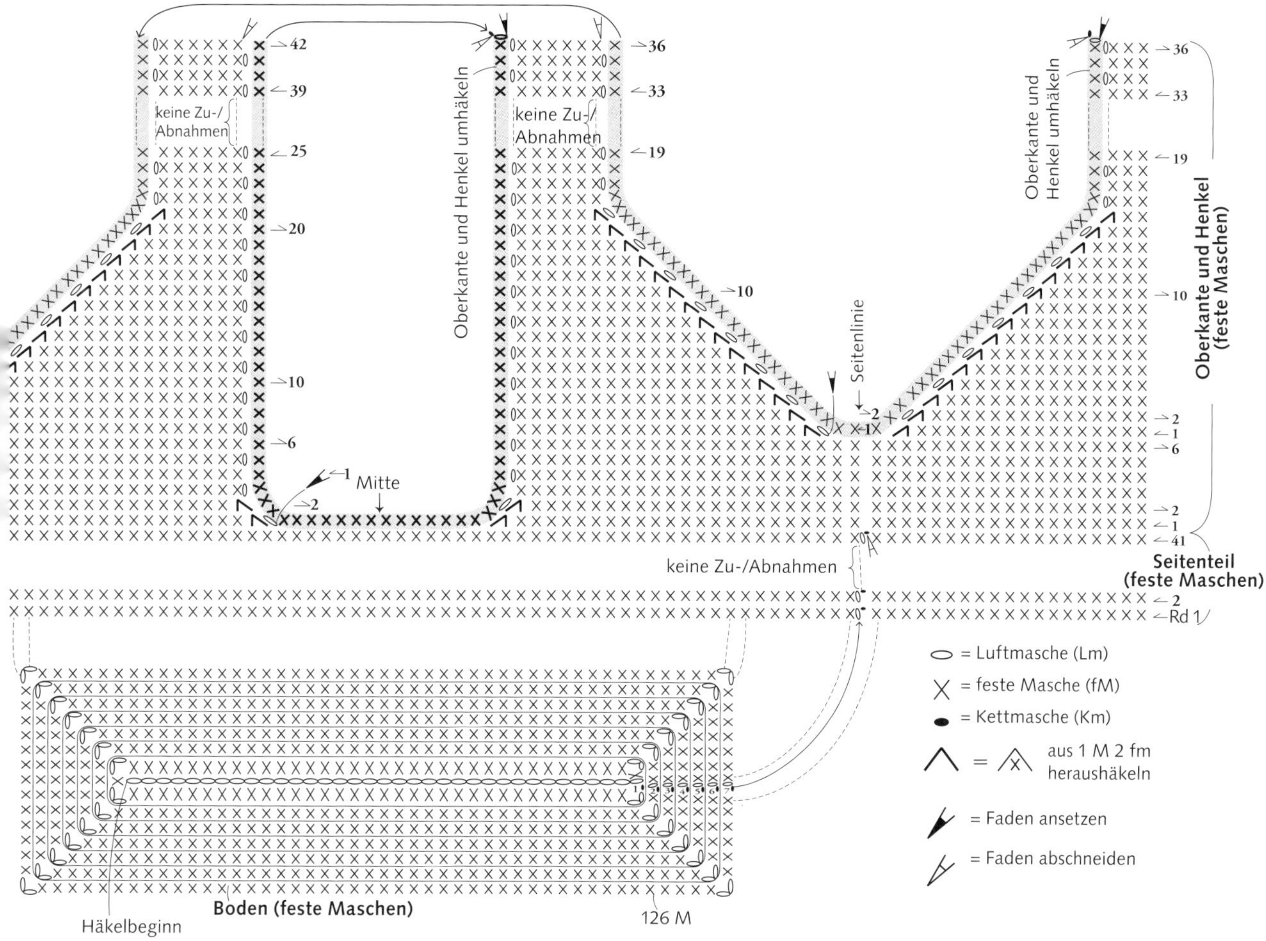

Einfassung Oberkante und Henkel Häkelkante

eco-ANDARIA + Emperor (2-fädig)
Häkelnadel Nr. 4

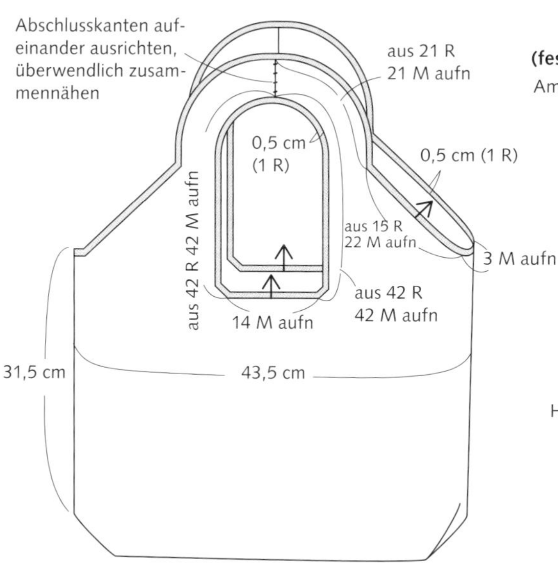

Henkelabdeckung (feste Maschen, Häkelnadel Nr. 3,5)

Amaito Linen 20 + Emperor (2-fädig)

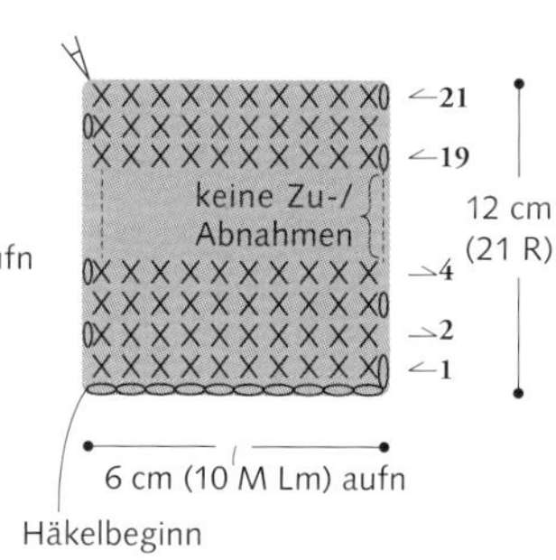

Henkel fertigstellen

① Henkelkanten auf der Rückseite übereinanderschlagen, überwendlich zusammennähen

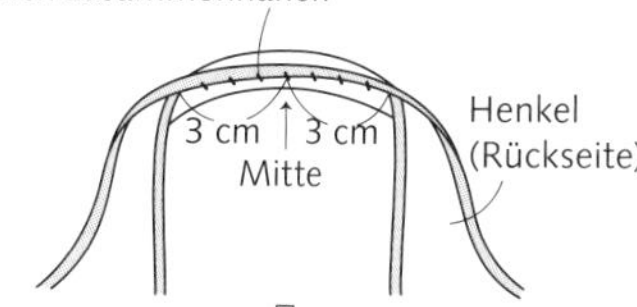

② Abdeckung um Henkel wickeln, Kanten aufeinander ausrichten, überwendlich zusammennähen

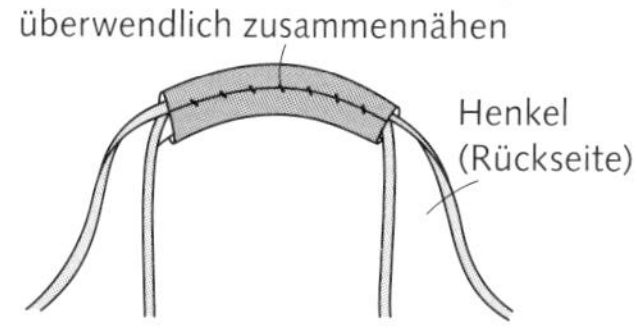

R • S Seite 22 und 23

Wolle: Hamanaka eco-ANDARIA
R: Violett (160), 160 g; Weiß (1), 75 g; Limette (19), 35 g
S: Retro-Orange (69), 160 g; Weiß (1), 75 g; Blaugrün (63), 35 g
Nadeln: Häkelnadel Nr. 3
Maschenprobe: feste Maschen + feste Maschen in ein Maschenglied:
20 M x 16,5 R = 10 x 10 cm
Größe: Breite an der Oberkante 42 cm,
Höhe 27,5 cm

Anleitung

Garn einfädig in den angegebenen Farben verarbeiten und stets einen Faden in einer anderen Farbe als Verstärkungsfaden mitlaufen lassen.

1 Bei Häkelbeginn ① 55 Lm anschl, für den Zwickel über 9 R fM häkeln, Faden stilllegen (②).
2 Bei Häkelbeginn ③ auf dieselbe Weise für das zweite Zwickelteil ebenfalls 9 R fM häkeln, anschließend 23 Lm anschl, 1 Km in die 9. R des linken Zwickels, Faden abschneiden (④).
3 Für Seitenteile und Boden mit dem bei ② stillgelegten Faden ab R 1 fM häkeln (⑤), dann 51 R fM im Muster häkeln.
4 Im Anschluss den zweiten Zwickel in fM häkeln.
5 Zwickelkanten aufeinander ausrichten, überwendlich zusammennähen, Passzeichen an Boden und Zwickel aufeinander ausrichten, überwendlich festnähen.
6 Henkel flechten wie im Diagramm angegeben, befestigen.

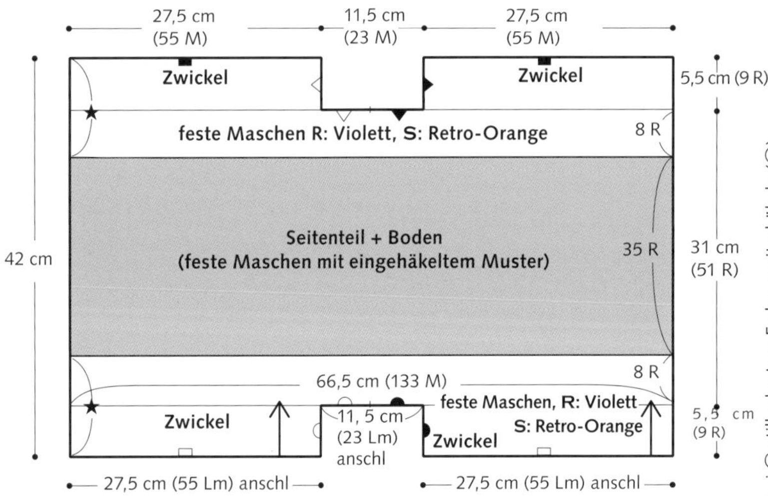

bei ★ weißen Faden als Verstärkungsfaden mitlaufen lassen

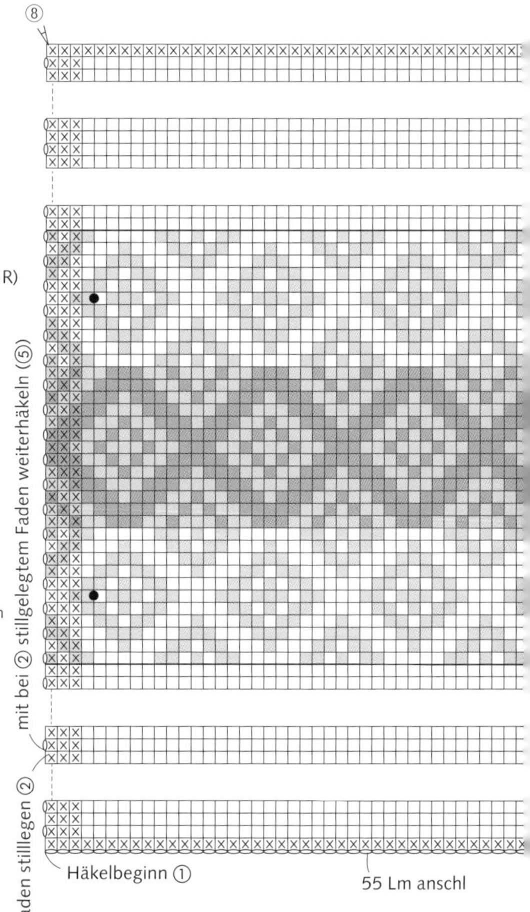

✻ Häkelschritte erfolgen in der Reihenfolge der Zahlen

Henkel anbringen

① von jeder Farbe je 4 Fäden von 120 cm Länge abschneiden

③ in je 4 Fäden derselben Farbe teilen, 32 cm flechten

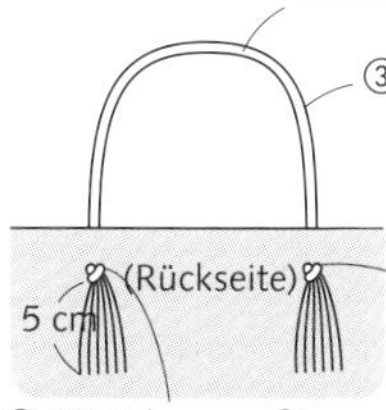

② 12 Fäden aus ① bündeln, von der Vorderseite durch die M auf die Rückseite schieben, mit Knoten fixieren, dabei 5 cm stehen lassen

④ Fäden von der Vorderseite auf die Rückseite führen, mit Knoten fixieren, dabei 5 cm stehen lassen

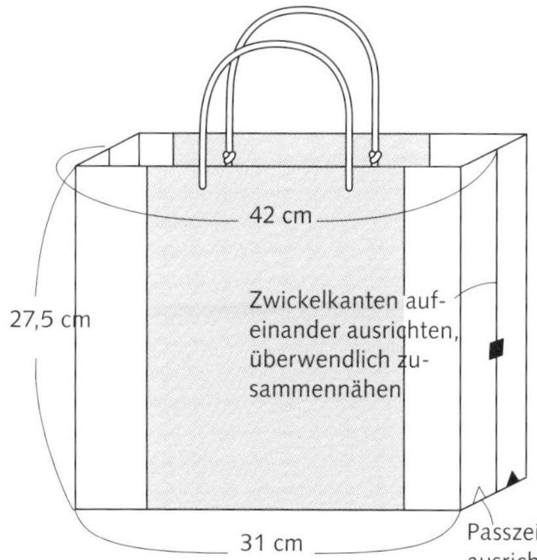

Passzeichen aufeinander ausrichten, überwendlich zusammennähen

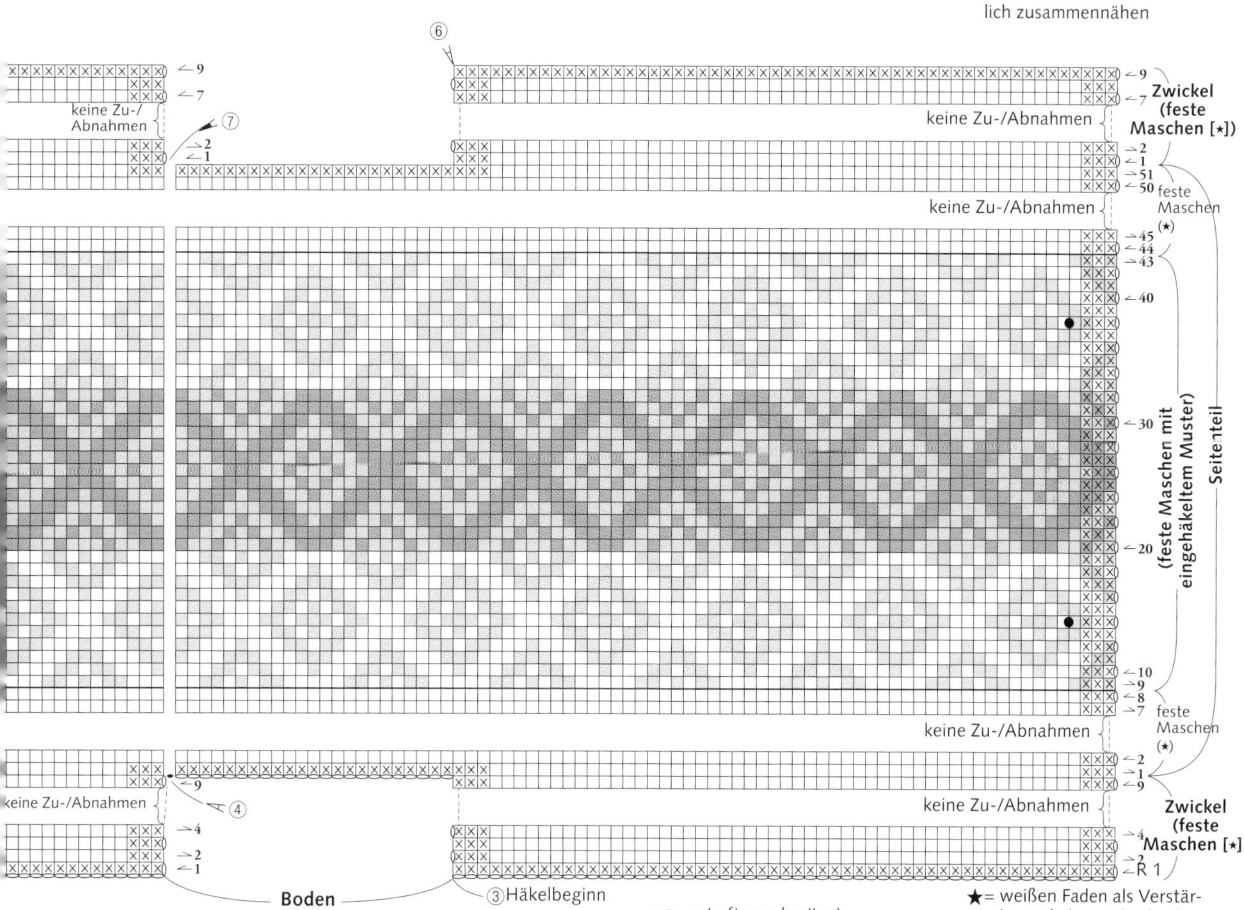

○ = Luftmasche (Lm)

X □ = feste Masche (fM)

● = Kettmasche (Km)

= Faden ansetzen

= Faden abschneiden

● = Position Henkel

★= weißen Faden als Verstärkungsfaden mitlaufen lassen (beim R-Wechsel darauf achten, dass der Verstärkungsfaden auf der Vorderseite nicht zu sehen ist)

Farbverteilung

	R	S
X	Violett	Retro-Orange
X	Weiß	Weiß
X	Limette	Blaugrün

T Seite 24

Wolle: Hamanaka eco-ANDARIA Limette (19), 90 g; Beige (23), Champagner (170), je 50 g
Nadeln: Häkelnadel Nr. 3
Zubehör: **1 runder** Magnetverschluss mit Abdeckung, Durchmesser 14 mm, Antik (Hamanaka: H206-047-3)
Maschenprobe: feste Maschen, Muster: 17,5 M x 19 Rd = 10 x 10 cm
Größe: Breite an der Oberkante 36 cm, Höhe 23 cm

Anleitung

Garn einfädig in der angegebenen Farbe verarbeiten.

1 Für den Boden 30 Lm anschl, auf beiden Seiten in Rd fM häkeln, dabei gemäß Häkelschrift M zunehmen.
2 Im Anschluss für das Seitenteil 41 Rd ohne Zu- und Abnahmen im Muster häkeln.
3 Henkel und Oberkante ohne Zu- und Abnahmen im Muster häkeln, dabei an den angegebenen Stellen für jeden Henkel 25 Lm einfügen.
4 Für die Klappe M an der hinteren Mitte aufn, 15 R häkeln, dabei M abnehmen, um dle Kante fM häkeln.
5 Magnetverschluss befestigen.

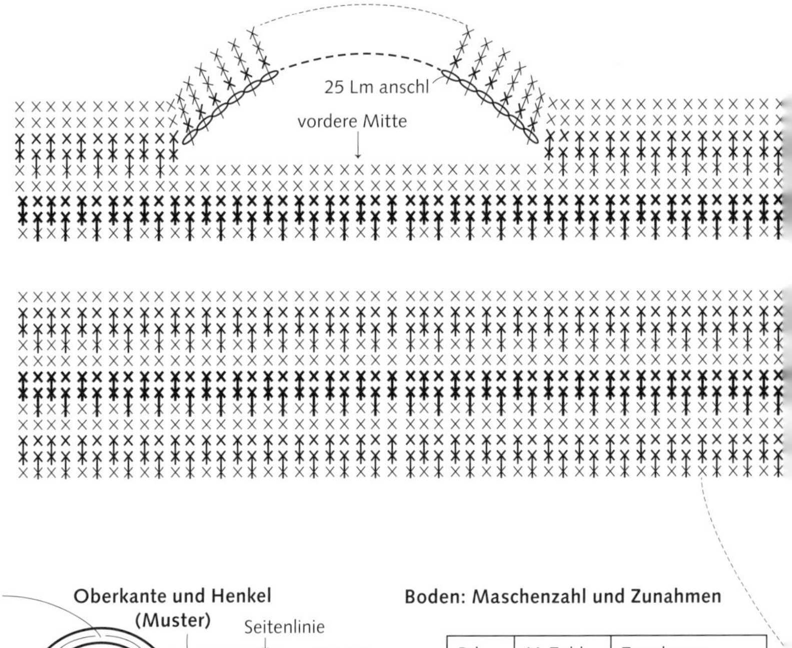

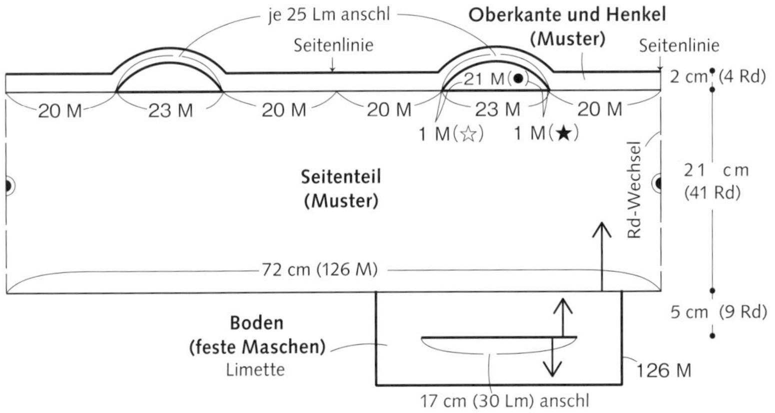

Boden: Maschenzahl und Zunahmen

Rd	M-Zahl	Zunahmen
9	126	keine Zun
8	126	in jeder Rd 8 M zun
7	118	
6	110	
5	102	
4	94	
3	86	
2	78	
1	auf beiden Seiten der Lm-Kette 70 M aufn	

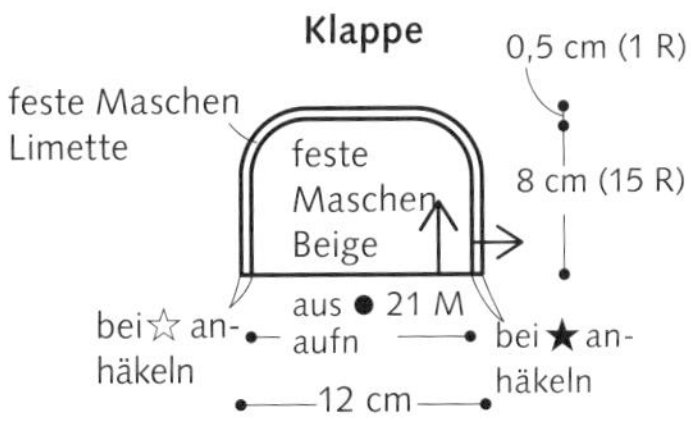

Häkeldiagramm Klappe

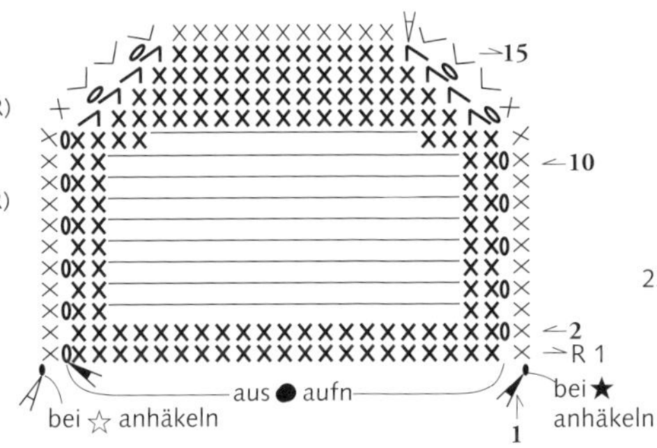

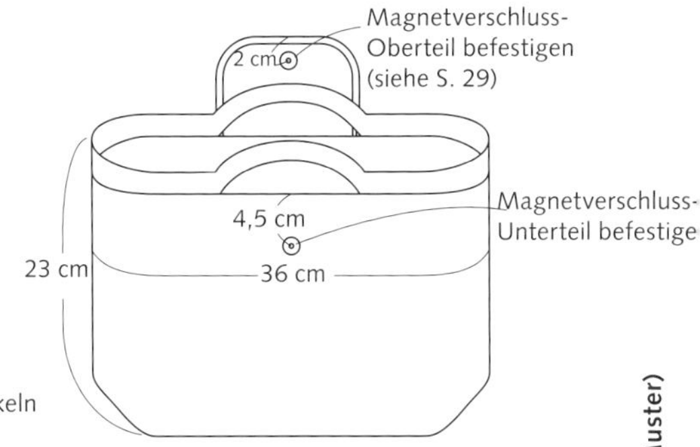

Boden, Seitenteil, Oberkante und Henkel

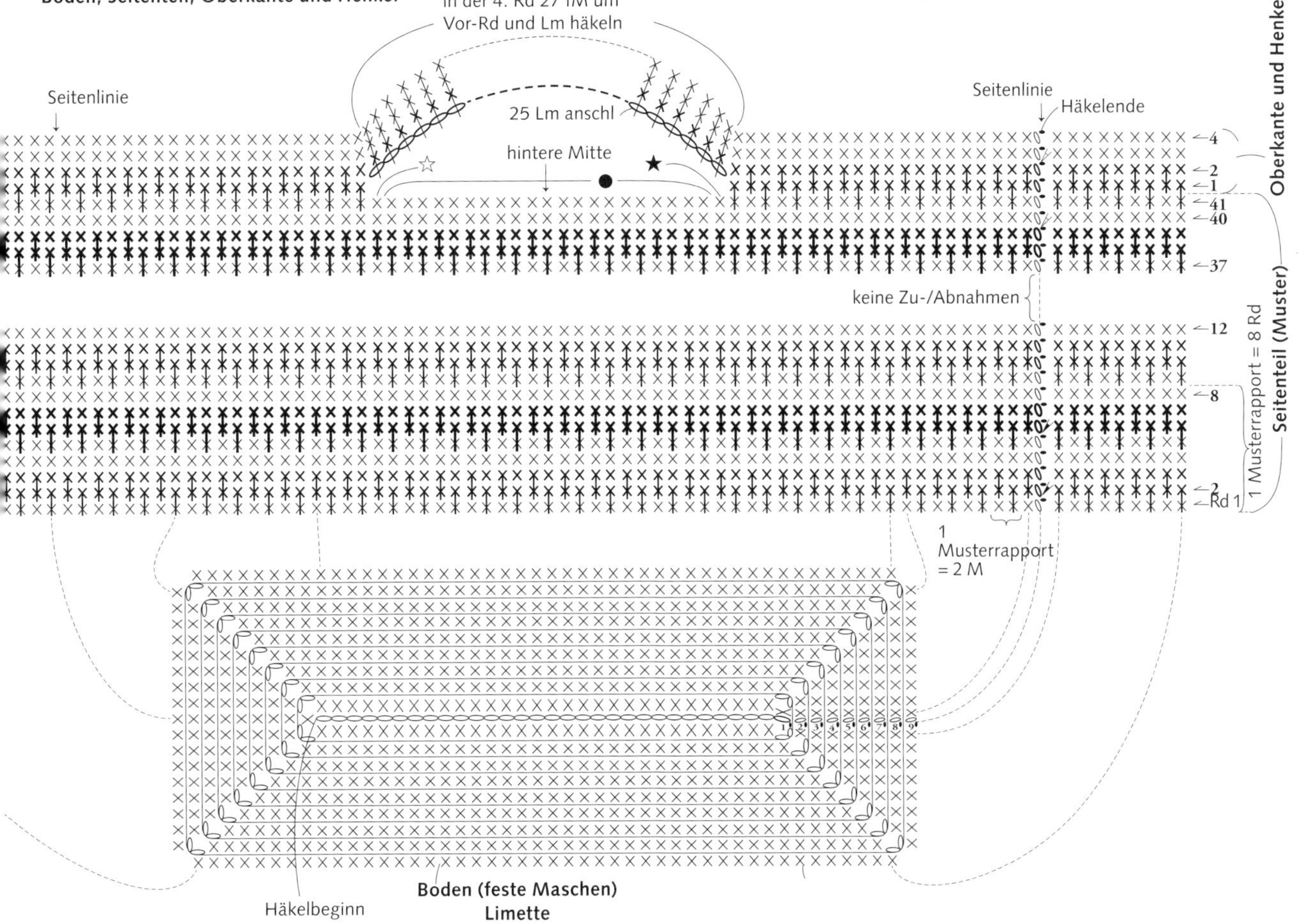

○ = Luftmasche (Lm)

X = feste Masche (fM)

● = Kettmasche (Km)

= fM in die M der vorletzten Rd

= aus 1 M 2 fM heraushäkeln

= 2 fM zus abm

= Faden ansetzen

= Faden abschneiden

Farbverteilung

______ = Limette

______ = Champagner

______ = Beige

⁜ Faden nicht abschneiden, auf der Rückseite senkrecht mitführen.

U Seite 25

Wolle: Hamanaka eco-ANDARIA Sandbeige (169), 30 g; Gold (172), 20 g
Hamanaka eco-ANDARIA Crochet Naturweiß (801), 15 g
Hamanaka Span Glass, Beige (2), 15 g
Nadeln: Häkelnadel Nr. 3
Zubehör: 1 Reißverschluss, Länge 22 cm
2 D-Ringe, Breite innen 1,2 cm
2 O-Ringe, Durchmesser 0,5 cm
1 Karabinerhaken, Länge 2,2 cm
Kette, Breite 0,6 cm, Länge 106 cm
Maschenprobe: 19,5 M x 15 Rd im Muster = 10 x 10 cm
Größe: Breite 23 cm, Höhe 16 cm

Anleitung

Garn einfädig (eco-ANDARIA Sandbeige, Gold) bzw. zweifädig (je 1 Faden eco-ANDARIA Crochet Naturweiß und Span Glass [Beige]) verarbeiten.

1 Für den Boden 41 Lm anschl, auf beiden Seiten in Rd fM häkeln, dabei gemäß Häkelschrift M zunehmen.
2 Im Anschluss für das Seitenteil in den angegebenen Farben im Muster häkeln. Für die Oberkante fM häkeln.
3 Reißverschluss in die Öffnung nähen.
4 Quaste am Karabinerhaken befestigen, in den Reißverschlussschieber einhängen.
5 D-Ringe annähen, D-Ringe und Kette mit O-Ringen verbinden.

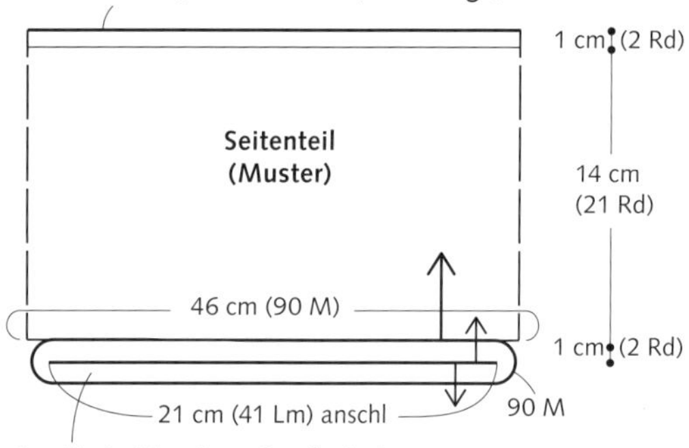

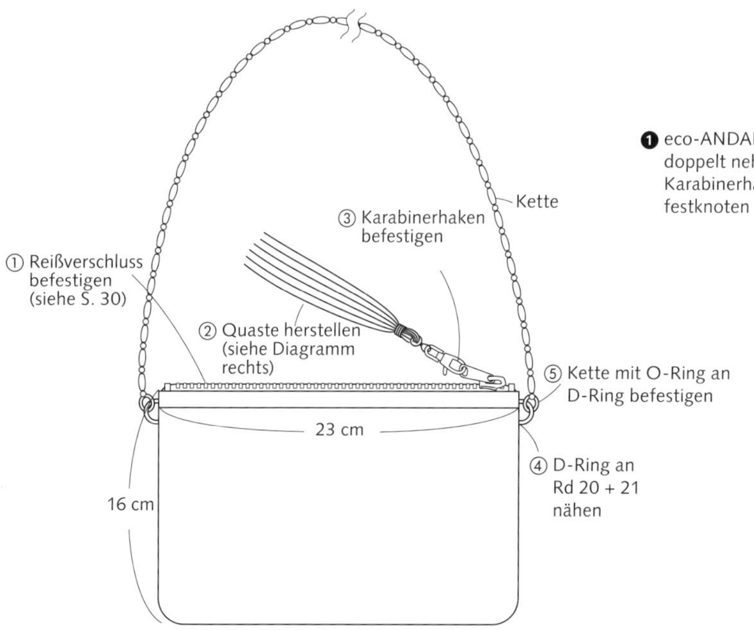

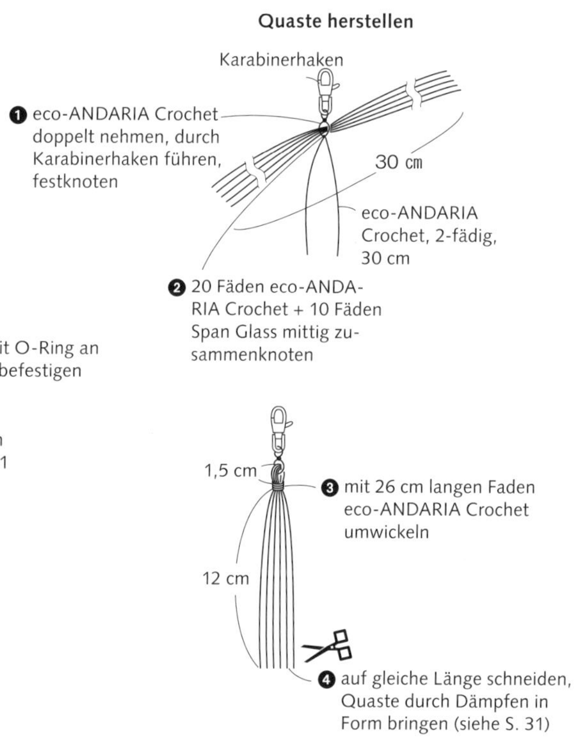

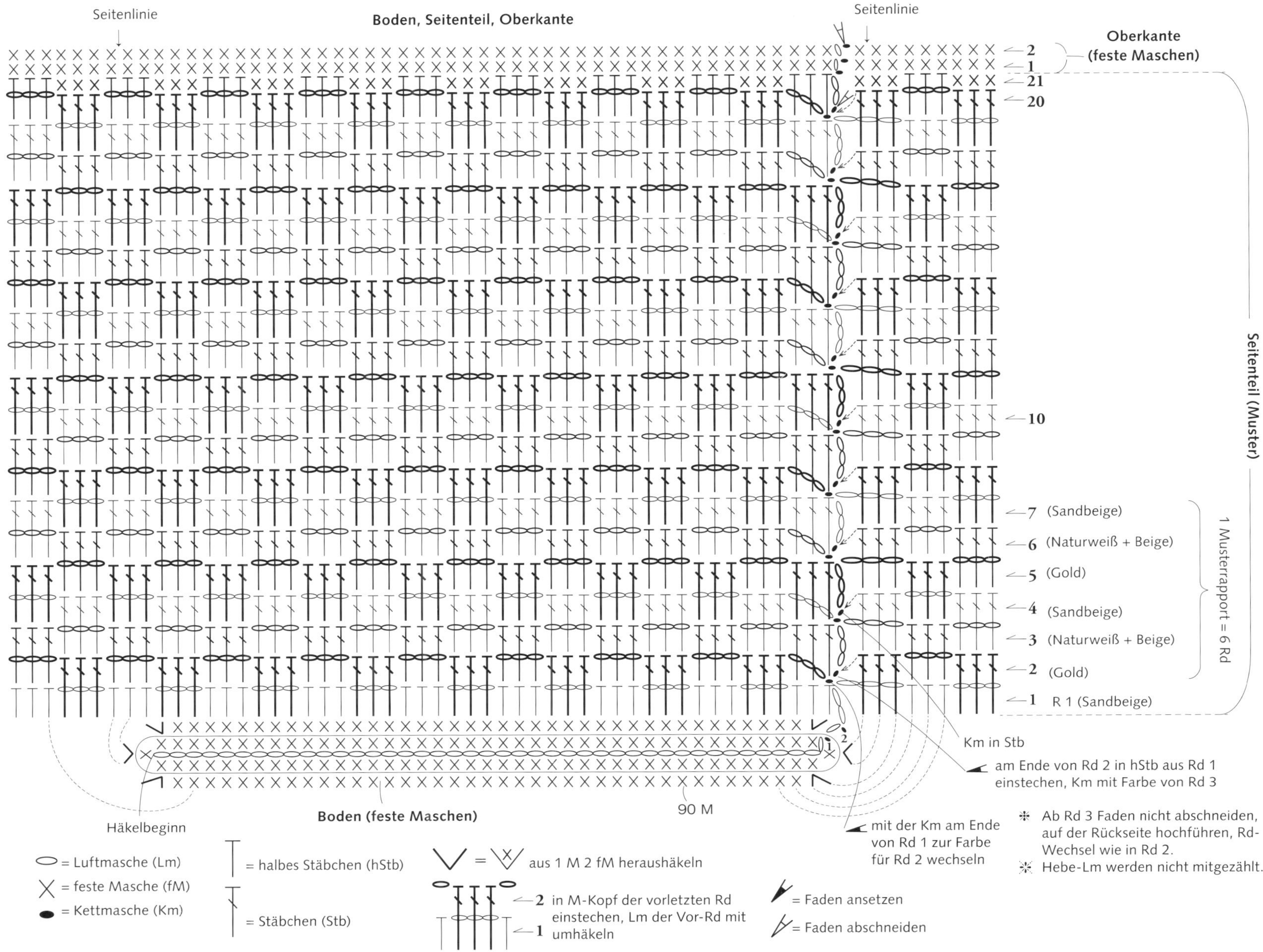

Boden, Seitenteil, Oberkante
Seitenlinie
Seitenlinie
Oberkante (feste Maschen)
2
1
21
20
10
7 (Sandbeige)
6 (Naturweiß + Beige)
5 (Gold)
4 (Sandbeige)
3 (Naturweiß + Beige)
2 (Gold)
1 R 1 (Sandbeige)
1 Musterrapport = 6 Rd
Seitenteil (Muster)
Km in Stb
am Ende von Rd 2 in hStb aus Rd 1 einstechen, Km mit Farbe von Rd 3
mit der Km am Ende von Rd 1 zur Farbe für Rd 2 wechseln
Häkelbeginn
Boden (feste Maschen)
90 M
= Luftmasche (Lm)
= feste Masche (fM)
= Kettmasche (Km)
= halbes Stäbchen (hStb)
= Stäbchen (Stb)
= aus 1 M 2 fM heraushäkeln
2 in M-Kopf der vorletzten Rd einstechen, Lm der Vor-Rd mit umhäkeln
1
= Faden ansetzen
= Faden abschneiden
✻ Ab Rd 3 Faden nicht abschneiden, auf der Rückseite hochführen, Rd-Wechsel wie in Rd 2.
✻ Hebe-Lm werden nicht mitgezählt.

Wolle: Hamanaka eco-ANDARIA Blutorange (164), 25 g; Grün (17), 25 g; Naturweiß (168), 5 g; Gold (172), 5 g
Nadeln: Häkelnadel Nr. 3,5
Zubehör: 1 Reißverschluss, Länge 17 cm
Maschenprobe: 20 M x 16,5 R feste Maschen = 10 x 10 cm
Größe: siehe Diagramm

Anleitung

Garn einfädig in der angegebenen Farbe verarbeiten.

1 Für das Seitenteil 3 Lm anschl, 14 R im Muster häkeln, dabei gemäß Häkelschrift M zunehmen. Auf dieselbe Weise ein weiteres Seitenteil herstellen.
2 Für den Zwickel 2 Lm anschl und fM ohne Zu- und Abnahmen häkeln.
3 Seitenteile und Zwickel links auf links aufeinanderlegen, mit 1 R fM zusammenhäkeln (Häkelkante).
4 Für den Henkel Lm anschl, fM häkeln, zur Hälfte falten und am Zwickel festnähen.
5 Reißverschluss an die Oberkante nähen.

Seitenteil (2x)
(Muster)

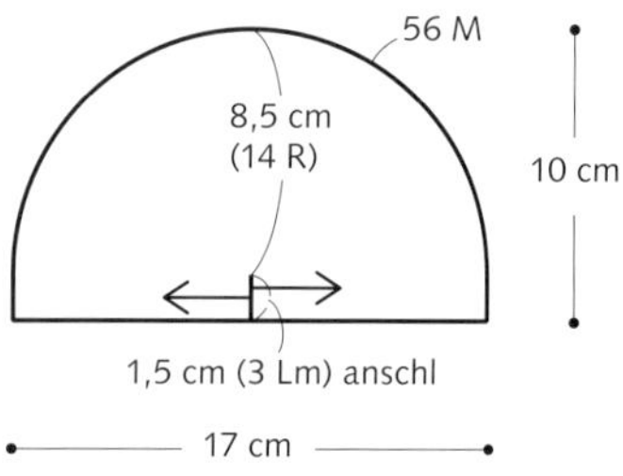

Häkeldiagramm Seitenteil

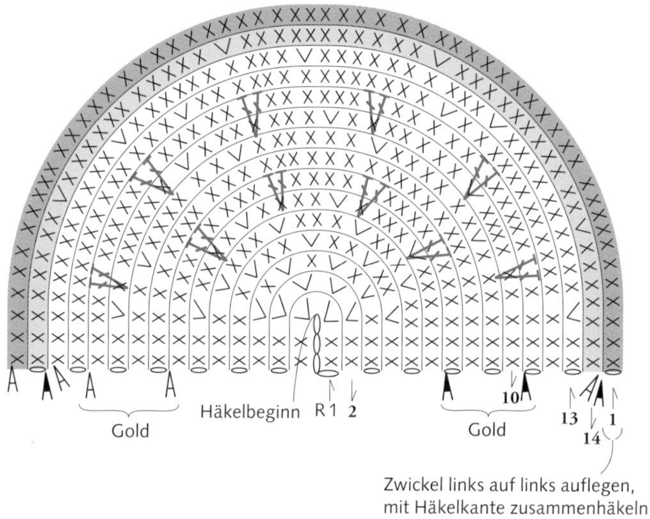

= Luftmasche (Lm)
= feste Masche (fM)
= Kettmasche (Km)
= aus 1 M 2 fM heraushäkeln
= 2 fM zus abm
= mit Gold 2 Stb in die M der vorletzten R (Faden am R-Beginn ansetzen, mit der 1. fM umhäkeln)
= Faden ansetzen
= Faden abschneiden

Farbverteilung

= Blutorange
= Naturweiß
= Grün
= Gold

Seitenteil: Maschenzahl, Zunahmen, Farben

R	M-Zahl	Zunahmen	Farbe
14	56	4 M zun	Naturweiß
13	52	4 M zun	Blutorange
12	48	2 M zun	
11	46	6 M zun	Blutorange, Gold
10	40	in jeder R 4 M zun	Blutorange
9	36		
8	32	keine Zunahme	
7	32	4 M zun	Blutorange, Gold
6	28	in jeder R 4 M zun	Blutorange
5	24		
4	20		
3	16		
2	12		
1	auf beiden Seiten der Lm-Kette 8 M aufn		

Häkeldiagramm Zwickel

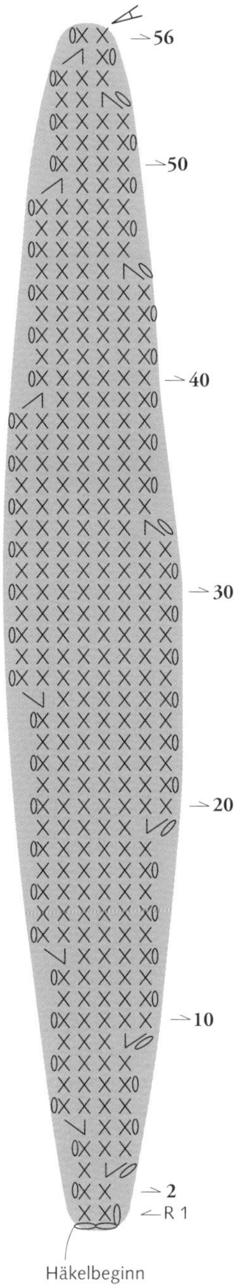

Zwickel (feste Maschen) Grün

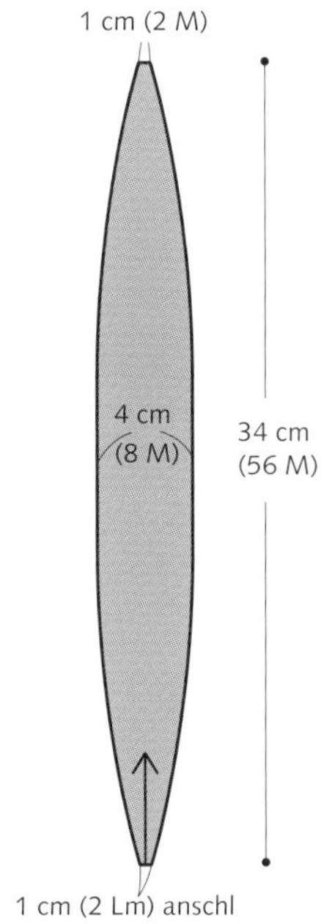

Henkel (feste Maschen, Grün)

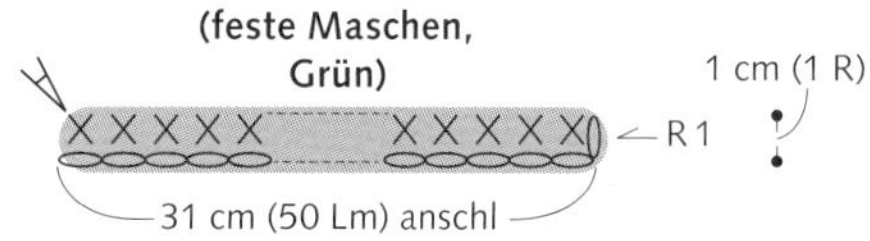

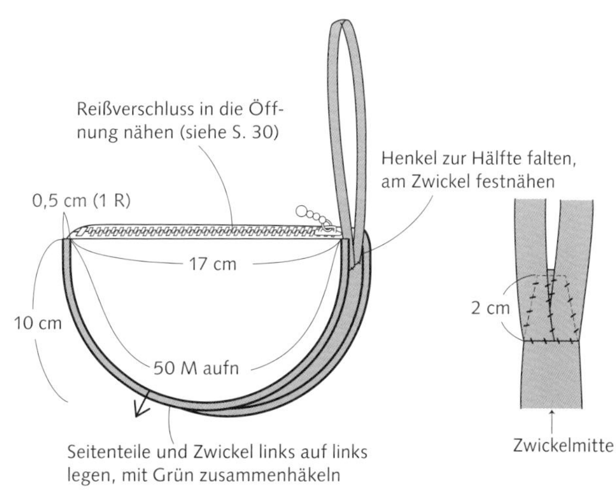

W Seite 27

Wolle: Hamanaka eco-ANDARIA, Schwarz (30), 60 g; Beige (23), 50 g
Nadeln: Häkelnadel Nr. 3
Zubehör: 1 runder Lederboden, Durchmesser 15,6 cm, schwarz (Hamanaka: H204-596-2)
Maschenprobe: Muster: 17 M x 19 Rd = 10 x 10 cm
Größe: Durchmesser Boden 16,5 cm, Höhe 18 cm

Anleitung

Garn einfädig in der angegebenen Farbe verarbeiten.

1 In die 48 Löcher des Lederbodens 96 fM häkeln.
2 Im Anschluss das Seitenteil ohne Zu- oder Abnahmen im Muster häkeln.
3 Für den Henkel Lm anschl, 3 R fM häkeln, in der 4. R rundherum Km häkeln.
4 Henkel an die Innenseite des Seitenteils nähen.

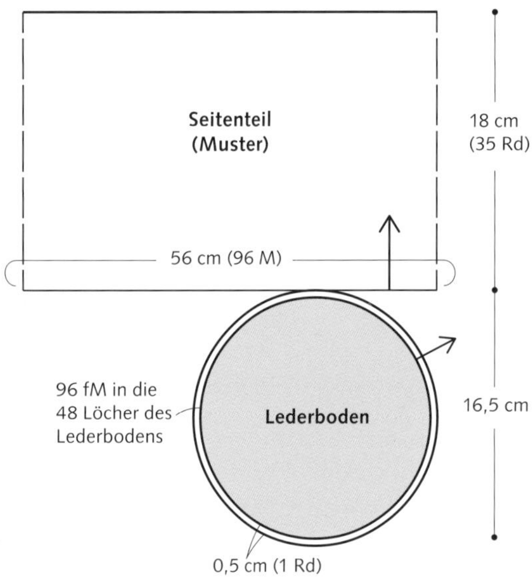

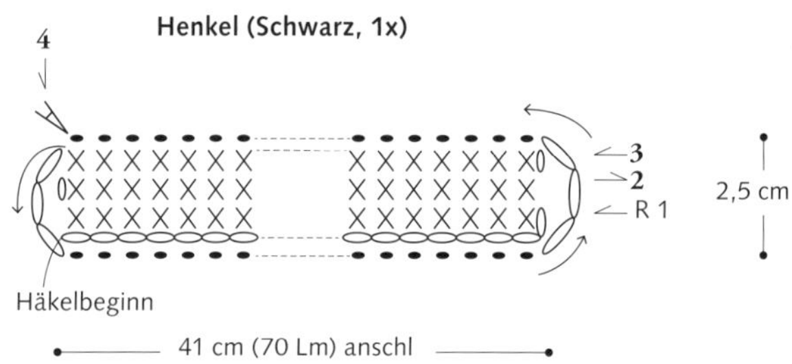

✻ 4. R: Kanten umhäkeln.

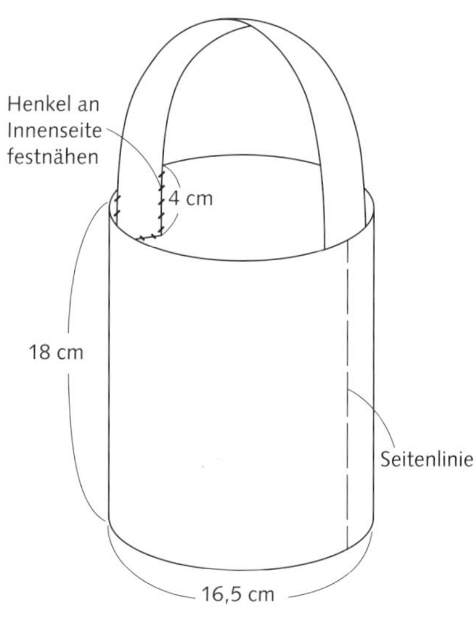

Boden, Seitenteil

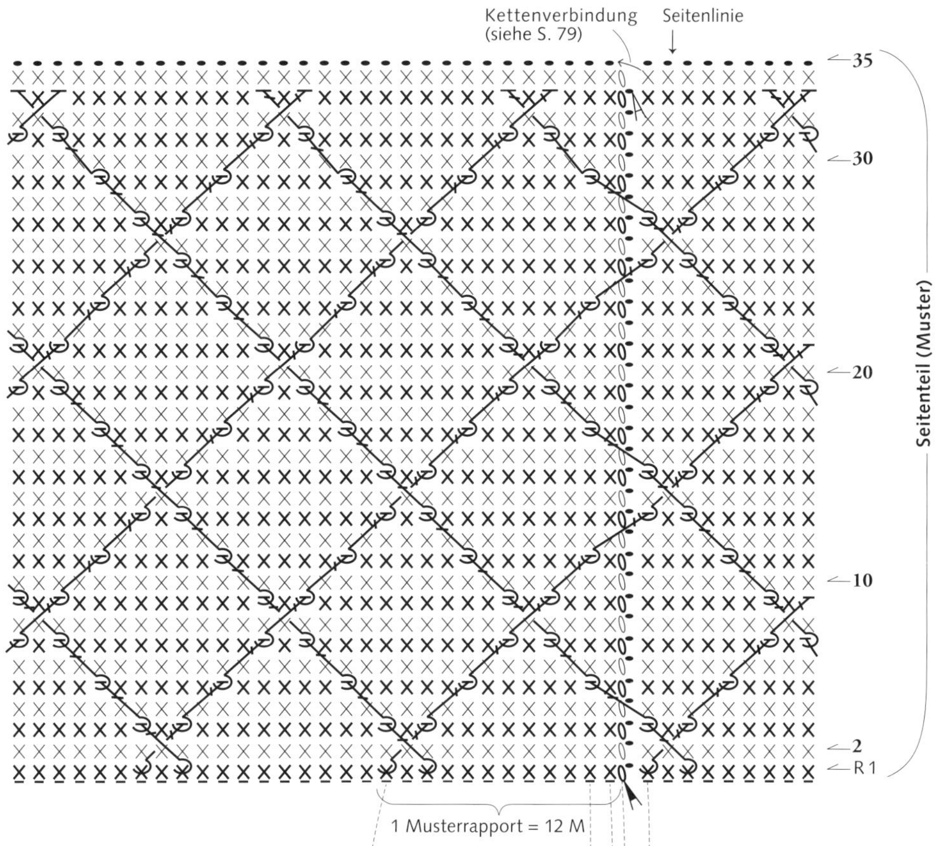

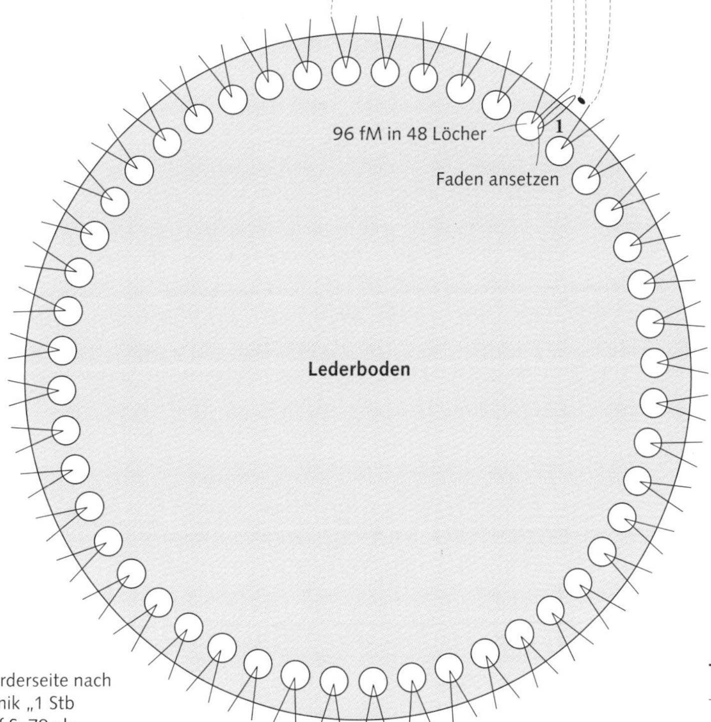

= Luftmasche (Lm)

= feste Masche (fM)

= Kettmasche (Km)

= fM in ein Maschenglied

= aus 1 M 2 fM heraushäkeln

= Relief-Stb auf der Vorderseite

= 2 Relief-Stb auf der Vorderseite nach links verkreuzen (Technik „1 Stb nach li verkreuzen“ auf S. 79 als Relief-Stb arbeiten)

= 2 Relief-Stb auf der Vorderseite nach rechts verkreuzen (Technik „1 Stb nach re verkreuzen“ auf S. 79 als Relief-Stb arbeiten)

= Faden ansetzen

= Faden abschneiden

Farbverteilung

= Beige

= Schwarz

Grundtechniken

Anschlagarten

Maschen anschlagen

1 2 3 4

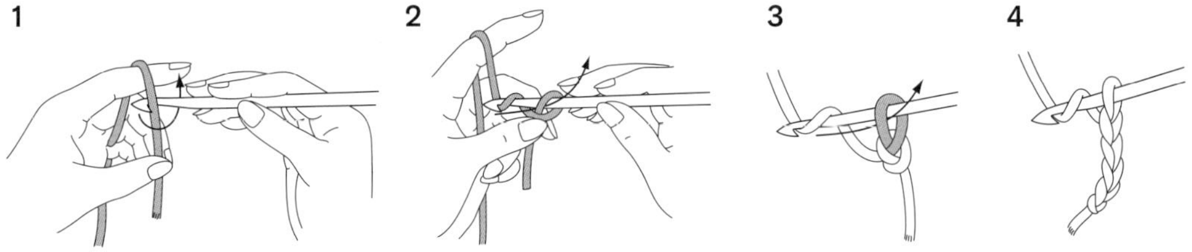

1. Faden in der linken Hand halten, Häkelnadel hinter den Faden legen, Faden verdrehen.
2. Faden vom Zeigefinger holen und durchziehen.
3. Fadenende festziehen. Dies ist die Anfangsschlinge. Faden um die Nadel legen und in Pfeilrichtung durchziehen (1 Lm gehäkelt).

M aus Lm aufnehmen

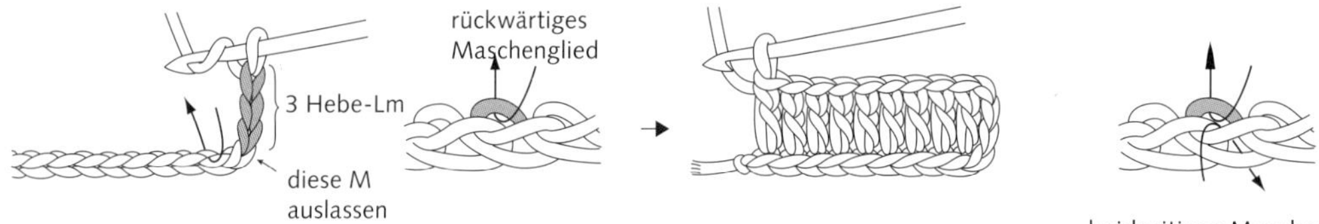

beidseitiges Maschenaufnehmen für Taschenböden etc.

Anschlag mit doppeltem Fadenring

1 2 3

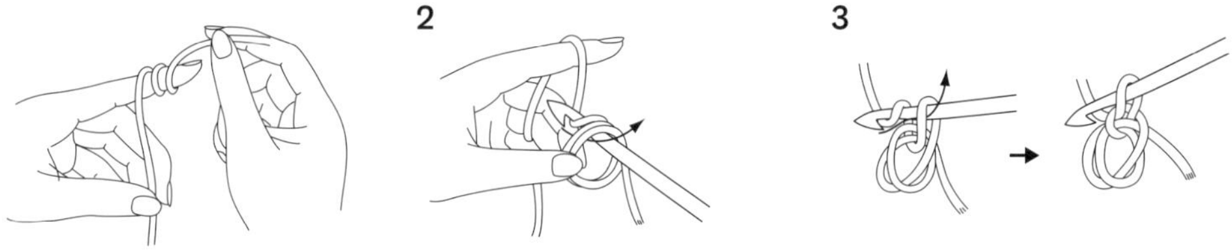

1. Faden zweimal um einen Finger wickeln.
2. Fadenende nach vorn legen, mit der Nadel durch den Ring stechen, Faden holen.
3. 1 Lm häkeln. Diese M zählt als Hebemasche.

Symbole in den Häkelschriften

O

Luftmasche (Lm)

1 2 3 4

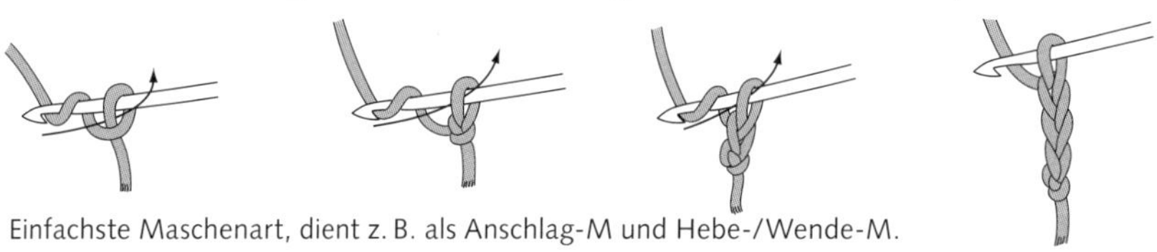

Einfachste Maschenart, dient z. B. als Anschlag-M und Hebe-/Wende-M.

X

feste Masche (fM)

1 2 3 4

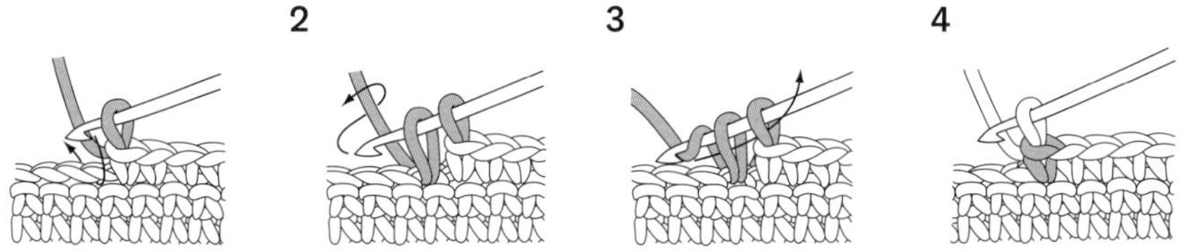

Entspricht der Höhe von 1 Hebe-Lm. Faden gleichzeitig durch beide Schlingen auf der Nadel ziehen.

T

halbes Stäbchen (hStb)

1 2 3 4

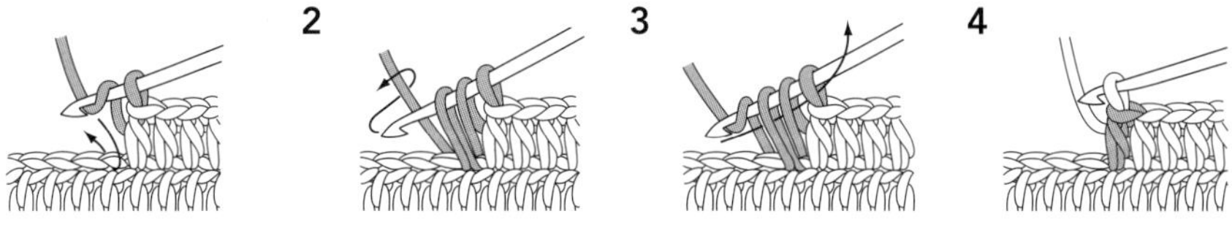

Entspricht der Höhe von 2 Hebe-Lm. Faden gleichzeitig durch alle 3 Schlingen auf der Nadel ziehen.

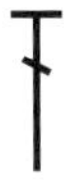

Stäbchen (Stb)

1 2 3 4

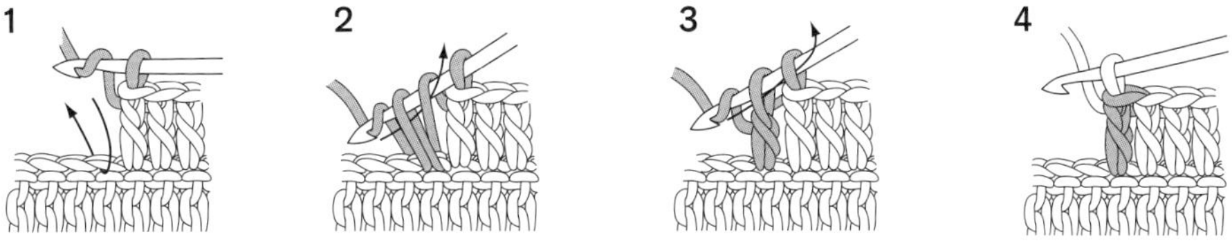

Entspricht der Höhe von 3 Hebe-Lm. Faden um die Nadel legen und erst durch die ersten beiden, dann durch die verbliebenen beiden Schlingen auf der Nadel ziehen.

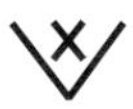

aus 1 M 2 fM herausḧäkeln

⁜ Nach derselben Technik können beliebig viele fM aus 1 M herausgehäkelt werden.

1 2 3 4

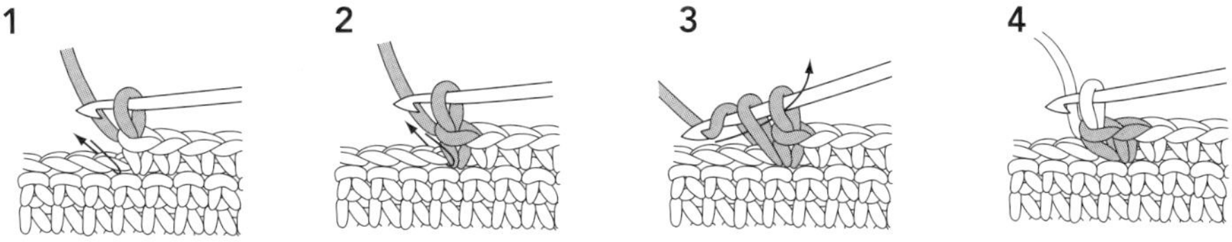

Zweimal in dieselbe M der Vor-R einstechen und je 1 fM häkeln. (1 M zugenommen)

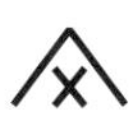

2 fM zus abm

1 2 3 4

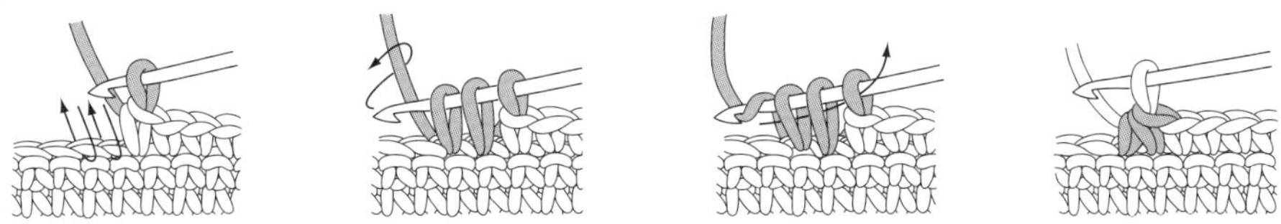

In 2 aufeinanderfolgende M der Vor-R einstechen, Faden holen, nicht durchziehen (2 unfertige fM). Faden holen und durch alle Schlingen gleichzeitig ziehen. (1 M abgenommen)

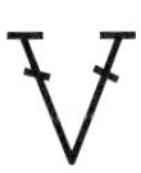

aus 1 M 2 Stb herausḧäkeln

⁜ Nach derselben Technik können beliebig viele Stb und auch hStb aus 1 M herausgehäkelt werden.

1 2 3 4

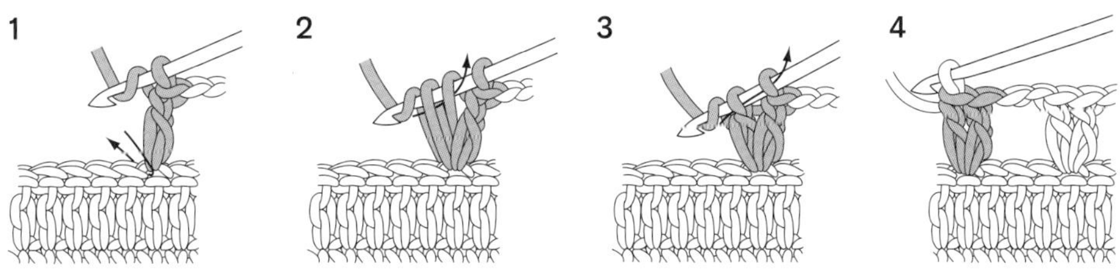

Zweimal in dieselbe M der Vor-R einstechen und je 1 Stb häkeln. (1 M zugenommen)

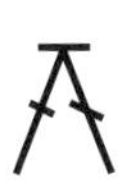

2 Stb zus abm

⁜ Nach derselben Technik können beliebig viele Stb zusammen abgemascht werden.

1 2 3

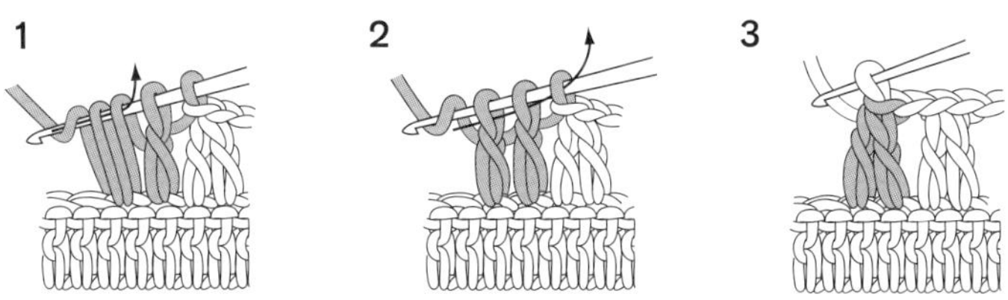

2 unfertige Stb häkeln, Faden durch alle Schlingen gleichzeitig ziehen. (1 M abgenommen)

Kettmasche (Km)

1 2 3

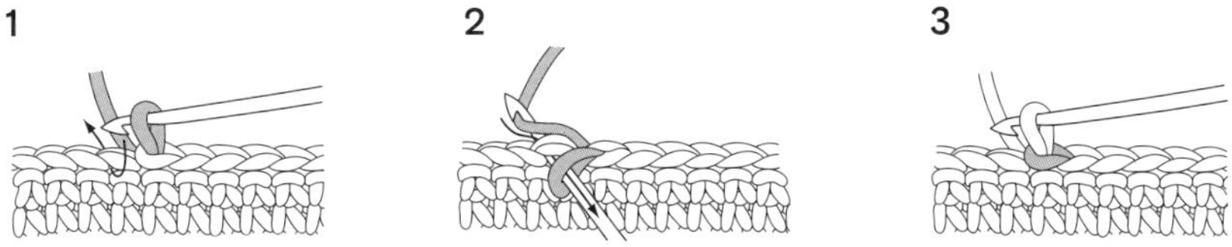

In die M der Vor-R einstechen, Faden holen und direkt durch die Schlinge ziehen.

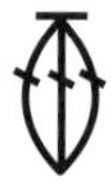

Büschel-M aus 3 Stb

⁂ Nach derselben Technik können Büschel-M aus beliebig vielen Stb gearbeitet werden.

1 2 3 4

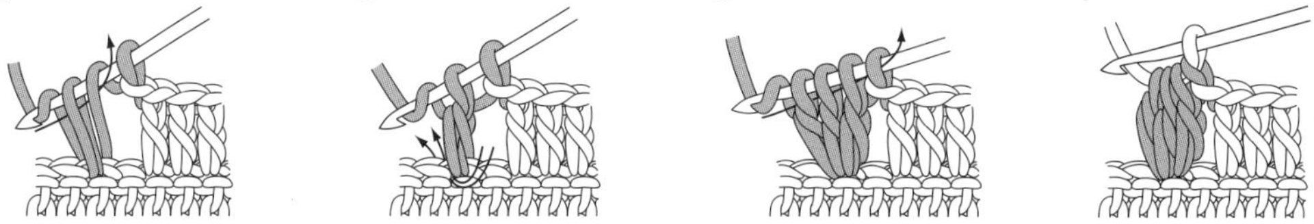

3 unfertige Stb in die M der Vor-R häkeln, Faden durch alle Schlingen ziehen.

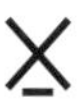

fM in ein Maschenglied

1 2 3

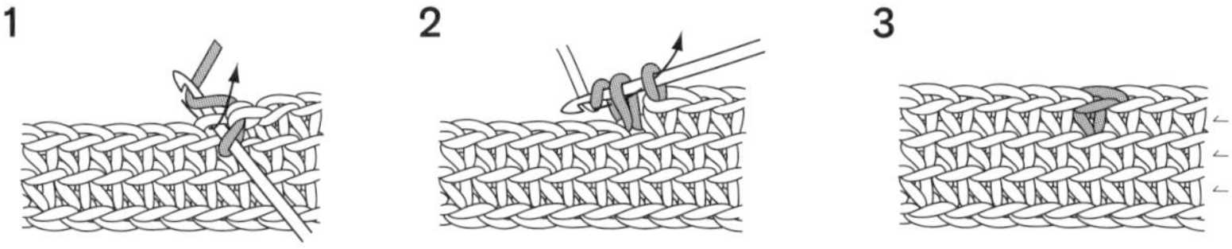

In 1 fM der Vor-R einstechen, dabei nur das hintere Maschenglied erfassen, 1 fM häkeln. Die nicht durchstochenen vorderen Maschenglieder bleiben als Linie sichtbar.

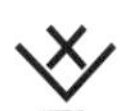

aus 1 M 2 fM in ein Maschenglied heraushäkeln

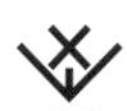

aus 1 M 3 fM in ein Maschenglied heraushäkeln

Um aus 1 M mehrere fM in ein Maschenglied herauszuhäkeln, nach der Anleitung auf Seite 77 (aus 1 M 2 fM heraushäkeln) vorgehen, dabei jedoch immer nur ins hintere Maschenglied einstechen.

Krebsmasche

1 2 3 4 5

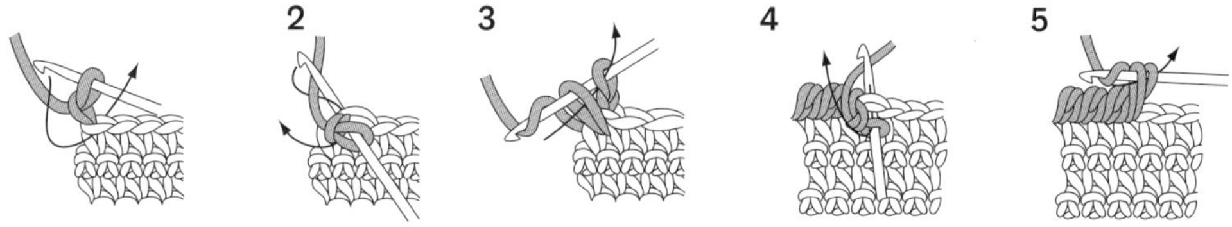

Nadel umdrehen, in Pfeilrichtung in die rechte Nachbar-M stechen, 1 fM häkeln. Auf diese Weise weiter von links nach rechts häkeln.

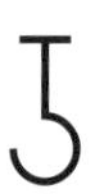

halbes Relief-Stb auf der Vorderseite

1 2 3 4

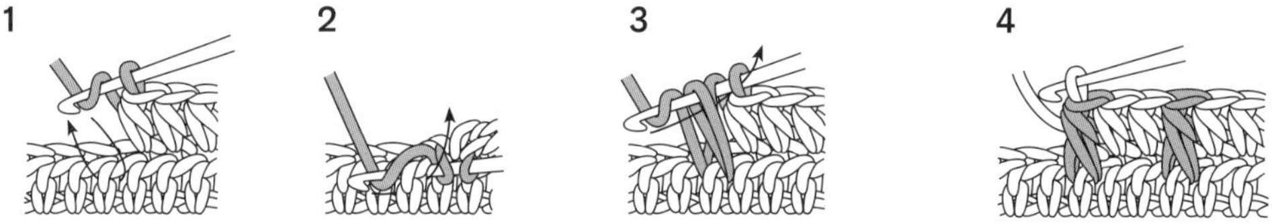

Faden um die Nadel legen, in Pfeilrichtung um den senkrechten Teil der M der Vor-R stechen, 1 hStb häkeln. Der Maschenkopf der Vor-R liegt nun auf der Rückseite der Arbeit.

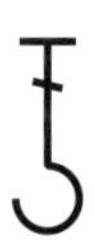

Relief-Stb auf der Vorderseite

1 2 3 4

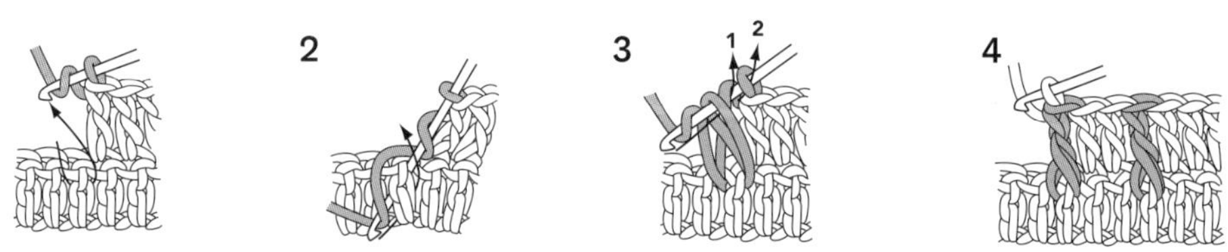

Von vorn um den senkrechten Teil der M der Vor-R stechen, Faden holen, lang durchziehen und wie beim Stb zweimal durch die Schlingen ziehen.

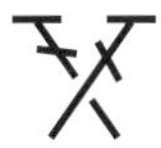

1 Stb nach re verkreuzen

1

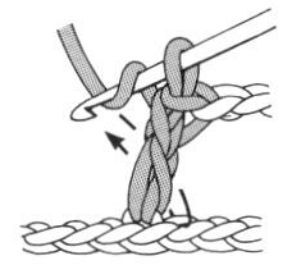

1 Stb in die übernächste M häkeln. Häkelnadel hinter dem Stb zur Vor-M führen, in Pfeilrichtung einstechen 1 Stb häkeln.

2

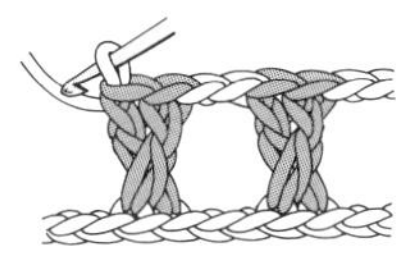

Das zuerst gehäkelte Stb liegt nun verkreuzt vor dem 2. Stb.

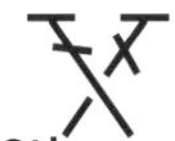

1 Stb nach li verkreuzen

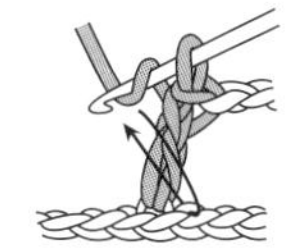

1 Stb in die übernächste M häkeln. Häkelnadel vor dem Stb zur Vor-M führen, in Pfeilrichtung einstechen 1 Stb häkeln.

Faden einhäkeln (mitlaufen lassen)

1

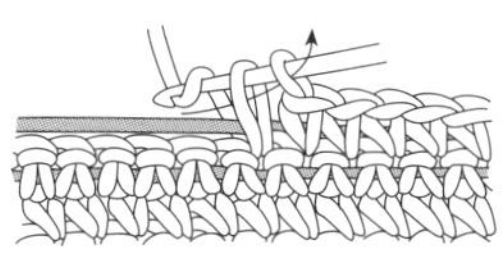

2

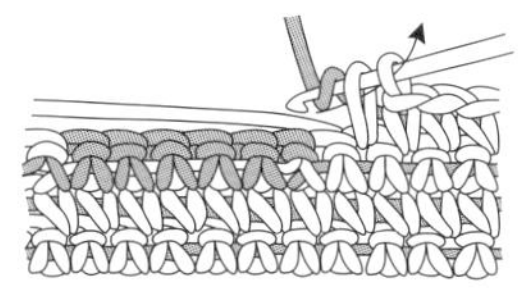

Stillgelegten Faden über der Vor-R mitlaufen lassen und mit den Maschenköpfen zusammen umhäkeln. Zum Wechseln des Garnes beim letzten Durchziehen durch alle Schlingen den zweiten Faden anstelle des ersten nehmen.

Kettenverbindung

1

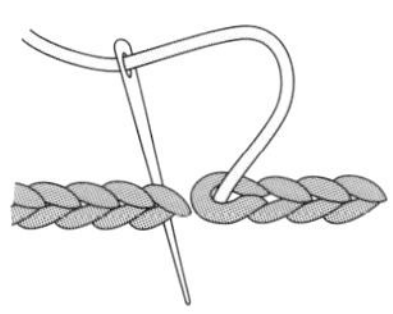

2

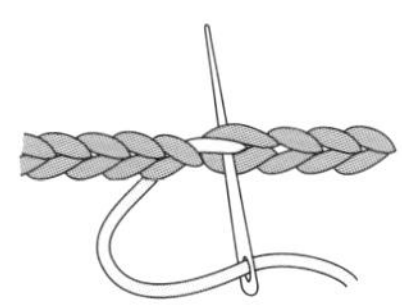

Am Häkelende Faden durchziehen, in eine Wollnadel einfädeln, durch die M am Häkelanfang, dann wieder durch die letzte M führen. Zwischen letzter und erster M entsteht eine neue M.

Dünne Kordel

1

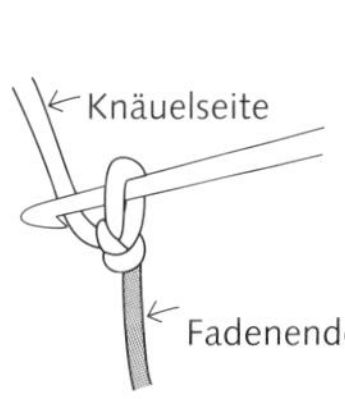

Am Fadenende die 4- bis 5-fache Länge der späteren Kordel abmessen, Anfangs-M anschl.

2

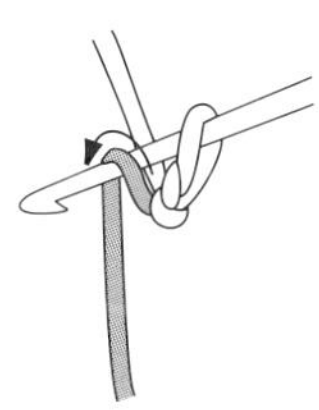

Fadenende von vorn nach hinten über die Nadel legen.

3

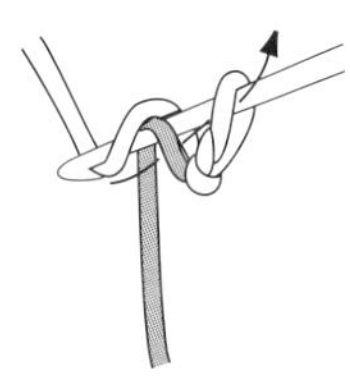

Faden von der Knäuelseite mit der Nadel holen und durch beide Schlingen ziehen. Die 1. M ist gehäkelt.

4

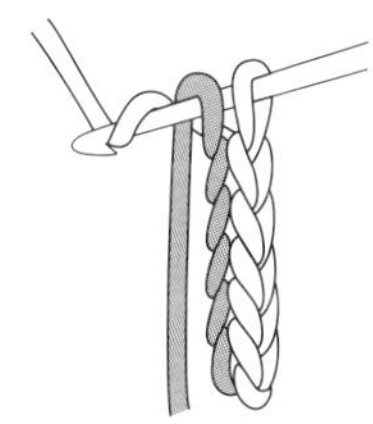

Schritt 3 stets wh.

Zusammennähen

Überwendlingsstich

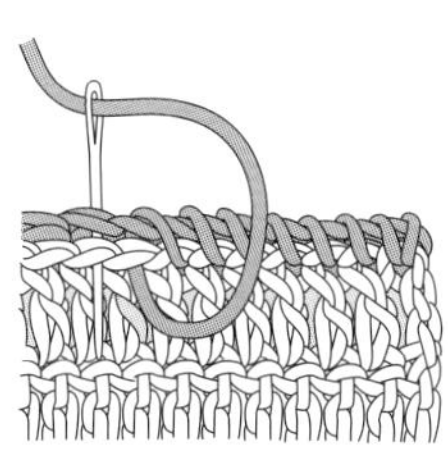

Häkelteile links auf links aufeinander ausrichten, mit der Wollnadel immer gleichzeitig durch die Maschenköpfe zweier nebeneinander liegender M stechen.

Original Japanese edition published by EDUCATIONAL FOUNDATION
BUNKA GAKUEN BUNKA PUBLISHING BUREAU

MITWIRKENDE DER JAPANISCHEN ORIGINALAUSGABE
Buchdesign: Mika Nakajima
Fotos: Yoshitaka Mizuno (zecca)
Styling: Erina Kawase
Haare & Make-up: YUMBOU (ilumini)
Model: Maria Kamiyama
Technische Zeichnung: Satomi Dairaku (day studio)
Korrektur: Masako Mukai
Redaktion: Noriko Sato (Little Bird)
Sayako Misumi (Bunka Publishing Bureau)
Verleger: Katsuhiro Hamada

This German Edition is published by arrangement with EDUCATIONAL FOUNDATION BUNKA GAKUEN BUNKA PUBLISHING BUREAU, Tokyo in care of Tuttle-Mori Agency, Inc., Tokyo

Aus dem Japanischen von der MCS Schabert GmbH, München, www.mcs-schabert.de, unter Mitarbeit von Susanne Schmidt-Wussow (Übersetzung).

Bibliografische Information der Deutschen Nationalbibliothek
Die Deutsche Nationalbibliothek verzeichnet diese Publikation in der Deutschen Nationalbibliografie; detaillierte bibliografische Daten sind im Internet über http://dnb.d-nb.de abrufbar.

2. durchgesehene Auflage 2023

Druck: Central Dabas Printing House, Ungarn

www.stiebner.com

ISBN-13: 978-3-8307-2090-4

Wir produzieren unsere Bücher mit großer Sorgfalt und Genauigkeit. Trotzdem lässt es sich nicht ausschließen, dass uns in Einzelfällen Fehler passieren. Unter www.stiebner.com/errata/2090-4.html finden Sie eventuelle Hinweise und Korrekturen zu diesem Titel. Möglicherweise sind die Korrekturen in Ihrer Ausgabe bereits ausgeführt, da wir vor jeder neuen Auflage bekannte Fehler korrigieren. Sollten Sie in diesem Buch einen Fehler finden, so bitten wir um einen Hinweis an verlag@stiebner.com. Für solche Hinweise sind wir sehr dankbar, denn sie helfen uns, unsere Bücher zu verbessern.